Thérèse

SOUVENIRS
DE LA MARÉE BASSE

Fiction & Cie

Chantal Thomas

SOUVENIRS
DE LA MARÉE BASSE

roman

Éditions du Seuil
*25, bd Romain-Rolland, Paris XIV*e

COLLECTION
« Fiction & Cie »
fondée par Denis Roche
dirigée par Bernard Comment

ISBN 978-2-02-134315-1

www.seuil.com
www.fictionetcie.com

À Thierry

L'enfant veut une vague salée, le sable.

Colette

Ouverture

Ce matin, après deux mois de sécheresse ininter-
rompue, je me suis réveillée sous des nuages noirs.
Je n'ai pas eu besoin de sortir pour le constater. De
mon lit, je pouvais apercevoir, dans un éclairage
étrangement terne, les palmiers agités par le vent, le
vert brillant de leurs palmes assombri de gris. J'avais
dormi longtemps, sans les interruptions que produit la
montée de la clarté, le miracle quotidien d'un retour
du jour salué par les cris des mouettes et les longs
roucoulements des colombes. Ici, à Nice, pendant les
mois d'été, je me réveille en plusieurs phases. Non
que je sois poussée par l'anxiété ; au contraire, une
impatience de lumière, de *nuances* dans la lumière,
me rend le sommeil fragile. Ainsi se distingue, bien
avant que le jour atteigne au plein soleil, une blancheur
verdâtre qui va se teinter de rose, pour enfin – et c'est
ce qui me réveille complètement – s'épanouir dans le
pur éclat d'une transparence dorée.

L'été flamboie. Tout ce qu'on touche brûle. C'est
exaltant et épuisant à la fois. Comme si on était placé
au bord d'un événement extraordinaire : catastrophe

ou révélation. Et du coup, il y a une urgence à jouir, à banqueter comme des fous, à ajouter la fièvre de l'alcool à celle du monde, à mettre la musique à pleins tubes, à rire tout seul, assis sur un rocher, les jambes dans l'eau, en train de contempler le coucher de soleil. Et lorsque, à plusieurs reprises, le foehn, vent chaud du sud et de massifs montagneux, se met à souffler, on a l'impression que l'Événement se rapproche. Les vagues s'élèvent, les températures s'emballent encore plus haut, on piétine, le long des trottoirs, des petits tas d'aiguilles de pin et de feuilles sèches apportées des terres.

Aujourd'hui, rien de tout cela. Le ciel a viré au noir, le vent est de pluie. J'avale mon café, mets dans mon sac brésilien multicolore une serviette de bain, des tongs pour marcher sur les galets, un chapeau de toile au cas peu probable où le soleil reviendrait, et je m'empresse vers la mer. Sombre et furieuse, elle ne ressemble pas à la Méditerranée en laquelle je me suis baignée la veille au soir. Une mer calme, où se reflétaient, en effets de moire, des lueurs cuivrées. Une mer enveloppante, dont la tiède douceur me donnait la sensation de nager en rêve. Pourquoi devrais-je m'arrêter ? me disais-je, tandis qu'à l'orée de la nuit la bouée clignotait d'une lumière verte et que s'allumaient les lampadaires de la côte. Au retour, chez moi, j'avais feuilleté au hasard des pages de Roland Barthes et j'étais tombée sur ce passage à propos de Sade : « Le dernier état érotique (analogue au lié sublime de la phrase, qu'on appelle précisément en musique le *phrasé*), c'est de *nager* : dans les matières corporelles, les délices, le sentiment profond de la luxure. »

Tout de suite, par ce mauvais temps inattendu, je nage attentive à ne pas contrarier les vagues, à plonger avec elles, à remonter à leur gré, à fermer les yeux quand des aigrettes d'écume me giclent à la figure. Il se met à pleuvoir, de grosses gouttes marquent l'eau. C'est un bonheur de baigner indistinctement dans la mer et dans la pluie et que, sur ma tête, des gouttes de plus en plus serrées m'inondent. Au point que, l'averse tombant drue, je suis aveuglée et sors, à moitié sonnée, dans le tournoiement des vagues. Vêtements et serviette sont trempés. Mon sac est rempli d'eau. Je renonce à trouver un abri, monte sur l'esplanade. Des masses d'eau d'une violence incroyable se déversent. Elles forment sur le sol de rapides rivières et sur la mer de vastes plaques plus claires, légèrement plissées. Celles-ci vont s'étendant au fur et à mesure que l'averse s'accroît. Comme si la pluie rebondissant sur la mer était suffisamment forte et abondante pour lui substituer une surface d'eau douce – pour fugitivement l'effacer. Cela me frappe que la puissance d'effacement et de perpétuel renouvellement de la mer se trouve redoublée par celle de la pluie. La surface zébrée de pluie, balayée d'obliques, s'élargit du côté de la Réserve, atteint une autre bouée, et tend vers l'horizon.

Ma mère venait parfois nager ici ; même si sa plage coutumière était près de chez elle, au pied de la pro-menade des Anglais, devant l'hôtel Westminster. Mais elle nageait aussi en face du cours Saleya. En fait, elle n'avait pas de plage habituelle. Au point qu'à la fin de sa vie, à un âge où la tendance générale est de restreindre le champ de ses efforts, elle prenait régulièrement le train pour Villefranche-sur-Mer, dont elle aimait la baie, selon elle, de meilleures proportions et mieux protectrice que la baie des Anges. Elle nageait partout, à des heures changeantes, avec une obstination, une opiniâtreté qu'elle ne manifestait pour aucune autre activité.

Encore en maillot de bain, debout au-dessus des vagues, tenant contre moi mes affaires trempées, je m'abandonne au ruissellement. L'eau du ciel glisse sur mon front, mes yeux, se sale du sel de ma peau. Et moi qui ai toujours vu en ma mère une femme indifférente à toute notion de transmission et en moi-même un être surgi d'aucune sagesse précédente, il m'apparaît soudain qu'à son insu elle m'a transmis l'essentiel : l'énergie d'un sillage qui s'inscrit dans l'instant, la beauté d'un chemin d'oubli, et que, si j'avais quelque chose à célébrer à son sujet, quelque chose à tenter de retracer, c'était, paradoxalement, la figure d'une femme oublieuse. Insoucieuse, non ; mais oublieuse, oui. Était-ce de sa part une force ou une faiblesse ? Les deux sans doute et, tandis que la pluie se déverse par trombes et me baigne en surabondance, tandis que mes affaires de plage sont prêtes à partir à vau-l'eau, emportées par une de ces ondes de crue, j'ai envie d'être déjà rentrée, déjà prise par une musique d'écriture, continuant de contempler le rideau de pluie et, à travers lui, bien au-delà, ma mère en train de nager, seule, inaccessible, touche minuscule dans l'immensité bleue, point quasi imperceptible, imperceptible en vérité, sauf au regard de ma mémoire.

Nice, août 2015

I. Le temps d'Arcachon

Rêve

Je me tiens en haut d'une dune. Au-dessous de moi : la mer, verte, extraordinairement claire, transparente, une eau d'huître. Des zones d'un vert plus soutenu et qui forment comme des ombres aux formes changeantes correspondent aux différences de répartition du sable au fond du Bassin, à ses vagues. Cette eau magnifique, irrésistible, m'apparaît à travers les silhouettes noires, légèrement torses ou courbes, de pins. C'est un paysage très large. J'ai l'impression que tout – la mer verte, la hauteur de la dune, les pins – est plus grand que nature. Une image parfaitement frontale. Une image qui me dit : Voici ce que tu as devant les yeux.

Dans le même rêve (mais, maintenant, je suis dans Arcachon, à l'entrée de la jetée d'Eyrac, tout à côté d'un manège qui tourne depuis toujours), je déclare : « Où c'est le plus beau, c'est là où j'habite. » Et, contenue dans ma phrase, il y a la vision du trajet de plage entre cette jetée et le passage au bout de la rue que je prenais, enfant, pour aller nager.

Nageuse du Grand Canal

Eugénie, ma grand-mère, quand elle évoquait ma mère jeune fille, revenait surtout sur deux faits. D'abord, la façon dont, obsédée par le sport, Jackie réussissait à s'aménager dans son lieu de travail des espaces dédiés à sa passion : fixant des barres parallèles dans l'arrière-couloir d'un bureau d'avocat où elle fut – brièvement – employée comme secrétaire, ou bien déroulant dans un coin un tapis de bain pour pratiquer ses abdominaux (elle travaillait alors chez un notaire). Ma grand-mère se rappelait aussi cette fantaisie qui avait pris sa fille, en plein juillet, de se jeter dans le Grand Canal à Versailles et de commencer à y nager, tranquille, de son crawl élégant, admirablement scandé, rapide mais pas trop, de son crawl régulier, et qui pouvait la faire prendre, lorsqu'on la regardait ainsi à l'œuvre dans l'eau, comme une force qui va. Mais qui, ce jour-là, ne put sans doute pas aller longtemps…

Ainsi, parmi les personnages qui, au gré de mes promenades et de mes lectures, peuplent le château de Versailles et son jardin, à côté de la fantasque duchesse de Bourgogne qui, dans les nuits d'été, relève à deux mains sa robe pour courir pieds nus dans l'herbe du « tapis vert », de la princesse Palatine surgissant au galop d'une partie de chasse, de la petite infante d'Espagne Marie Anne Victoire jouant à cache-cache derrière les rideaux cramoisis de la galerie des Glaces, de Marie-Antoinette, à quinze ans, se coiffant d'un bonnet de fourrure pour une course de traîneaux et, toute excitée, sautillant de joie sur place, il y a aussi ma mère. Elle a seize ou dix-sept ans. Ses parents ont quitté Versailles et le 15, rue Sainte-Adélaïde où elle est née, non loin de la grille d'entrée dite « de la Reine ». Elle habite avec eux à Viroflay mais elle revient souvent à Versailles, à bicyclette, en passant par les bois. Ce matin-là, elle n'a pas clairement le projet de se baigner dans le Grand Canal, mais elle a toujours un maillot de bain avec elle, au cas où, et quand elle arrive, en sueur, devant la surface miroitante où sombre une barque à demi noyée, trouve les berges vides bordées d'allées qui plus loin s'embroussaillent, elle a un merveilleux sentiment de liberté. Uniquement sensible au charme d'un parc ensauvagé et nullement impressionnée par la grandiose architecture de Pouvoir dont rayonne le palais, elle enlève chemisette et jupe-culotte, descend en maillot les quelques marches qui vont à l'eau et se jette. Ce n'est pas qu'elle se dise que c'est interdit et veuille se dépêcher avant d'être stoppée dans son élan. Non, elle ne perçoit que l'appel à nager qui émane de l'eau étincelante. D'ailleurs, le règlement, *tout* règlement, relève d'un ordre de réalité inexistant pour elle. Et dans le bosquet du Bal où elle a fait ses premiers pas, à l'Orangerie où elle jouait au soleil, au bord du bassin de Neptune où elle trempait la tête de ses poupées, partout dans le jardin, elle se sent chez elle. Dans le Grand Canal également.

Jackie ne s'est pas davantage préoccupée des réactions d'éventuels gardiens que des objets qui, au fil des siècles, chutés par hasard ou sciemment jetés, gisent au fond du canal. Médaillons, tabatières, louis d'or, alliances, épingles à chapeaux, boucles de souliers, écritoires, éventails réduits à leur armature, vaisselle d'argent de dîner de chasse expédiée à l'eau par une servante fatiguée de sans cesse nettoyer, récurer, faire briller... statuettes pieuses gaiement balancées par une novice libertine, portrait de Mme de Maintenon criblé d'épingles... Ces vétilles, d'accord, je veux bien qu'elles passent inaperçues d'une jeune sportive du XXᵉ siècle, mais des trésors d'envergure tels que les splendides gondoles vénitiennes de Louis XIV enfoncées et pourries dans la vase et dont ne subsistent que les noires figures de proue dressées vers la surface du canal, comment les ignorer ? Eh bien si, elle les ignore. De même que les tremblantes silhouettes, l'informe assemblée de momies effarées soudain réunies et qui, à différents étages du château, se pressent aux fenêtres, sidérées par l'extraordinaire du spectacle : une jeune fille sur une bicyclette, une jeune fille qui se déshabille rapidement, en plein air, et plonge. Une jeune fille qui nage ! Bien sûr, certains ont déjà vu quelqu'un nager et même peut-être savent nager. Des hommes. Pour les femmes, c'est évidemment exclu. Des femmes bien nées, bien élevées, ne nagent pas ! Cela supposerait, en plus, un déshabillage compliqué, d'une lenteur impossible.

Nager ! L'idée seule ! Quelle folie ! Ils sont de plus en plus nombreux aux fenêtres. Les hommes par vieille habitude libertine. Les femmes par réflexe soi-disant dévot. Elles brûlent d'indignation. En même temps – je le sais pour avoir revêtu un 14 juillet, comme figurante dans *Les Adieux à la Reine*, le grand habit de cour (une conscience de sa dignité contrebalancée par le poids de plusieurs kilos de velours, un corset qui vous scie la respiration, la sueur qui n'arrête pas de couler dans le dos, les aisselles, entre les seins, les cuisses, se mêle à la crème du maquillage, et, sous la perruque, les pinces et barrettes qui tirent à la racine des cheveux, blessent la peau du crâne, s'incrustent) – elles donneraient tout, elles qui n'ont plus rien à donner, pour être à la place de la baigneuse, pour faire, même en passant, même pour une heure, partie d'un monde où elles seraient libres d'aller et venir sans escorte, de simplement, comme ça leur chante, suivre leur humeur. Il leur semble parfois, quand, durant l'éternité stagnante de leur mort advenue, elles songent et se rappellent le temps vécu, qu'elles ne furent rien d'autre que les supports de leurs parures. Toute leur existence leur revient réduite à une suite de séances de coiffure, maquillage, essayage, habillage et déshabillage. Il ne leur reste pas un mot, pas la moindre réplique des papotis échangés devant le miroir de leur toilette et les sourires flatteurs se sont estompés dans des nuages de poudre. Des mannequins superfétatoires. Des éléments décoratifs. Elles n'existaient donc que pour leur beauté ? Absolument pas. Elles valaient d'abord pour la perpétuation d'un nom et avaient le devoir d'engendrer des fils. Louées pour leurs agréments, chantées pour leurs qualités, elles n'étaient en fait que les rouages d'un programme de reproduction... On leur avait bien répété que l'eau était malsaine, qu'il fallait s'en méfier, n'en user qu'avec parcimonie, mais ce n'était sans doute qu'un mensonge des hommes pour les garder prisonnières. Entrer dans l'eau, plonger, remonter, flotter, dériver... Qu'est-ce que cela peut être, se disent-elles, les yeux rivés sur la jeune fille aux allures de garçon, qu'éprouver une caresse qui s'insinue partout en vous, une douceur qui vous enrobe les reins avec la même attention qu'elle vous lisse les cuisses et joue avec vos lèvres... ? Elles fixent du creux de leur orbite la jeune fille déliée, la créature qui, dans l'air comme dans l'eau, évolue légère. L'envie ravage ce qu'il leur reste de traits.

La nageuse du Grand Canal s'ébat dans l'euphorie d'un bien-être immédiat. Ce qui peut exister autour, dessous, ou au-dessus d'elle, elle s'en soucie comme d'une guigne.

Elle n'est sensible qu'au délice de l'eau contre sa peau, au vif de cette immersion qui, d'un coup, la revigore.

Et j'ai eu tort d'affirmer qu'elle fut vite arrêtée. À cause de la désaffection de l'époque pour le château de Versailles, de l'absence de touristes, d'une surveillance minime, elle peut crawler dans le canal royal un bon moment avant qu'un vieux jardinier ne la repère. Le temps qu'il claudique jusqu'au bord de l'eau, Jackie est déjà sortie, elle s'est rhabillée, a enfourché sa bicyclette. Avec la brise produite par la vitesse, l'eau qui imprègne son maillot et trempe ses vêtements fait qu'elle continue d'évoluer dans un bain de fraîcheur.

Là-bas, dans le château depuis longtemps déshabité, la foule des spectres s'est évanouie. Ils sont rentrés dans leur Nuit. Ils ne peuvent même pas se dire ce qu'ils ont vu et qui les a si fort troublés. Il n'y a pas au pays des morts de mots nouveaux. Le mot si gai de *bicyclette* ou celui, sensuel et anglais, de *crawl* n'existent pas.

Premières vacances

Les parents de la nageuse du Grand Canal ont vécu cette révolution dans le régime de leur existence : la loi du 20 juin 1936 sur les congés payés. Par cette loi du Front populaire prenait fin la tradition séculaire d'une société divisée en deux : une minorité riche oisive et une immense majorité, plus ou moins miséreuse, attelée à travailler du matin au soir et de l'enfance à la mort – une vie pas très différente, en somme, de celle de la domesticité de l'Ancien Régime. Je me rappelle que, lorsque j'habitais une chambre de bonne avenue de La Bourdonnais, le propriétaire de l'immeuble, un vieillard cacochyme mais toujours en état d'atteindre son septième étage, parcourait tôt le dimanche matin le couloir pour s'assurer que ses serviteurs n'oubliaient pas l'heure de *leur* messe, laquelle se disait chaque jour, et pas seulement le dimanche, à six heures du matin, en un service spécialement réservé à la domesticité. Il ne frappait pas chez moi, mais il ralentissait devant ma porte, entendait que j'étais déjà levée et déjà à feuilleter mes petits livres du marquis de Sade, ma collection Pauvert noir et or, mon missel du Démon, et à taper mes feuillets enthousiastes sur ce « funeste individu, honte de sa caste et fléau de la morale et de la religion », comme il avait qualifié le marquis une fois où je me rendais dans son appartement pour payer mon loyer. Le Front populaire n'avait pu par cette seule loi radicalement changer la société, mais quand même dès le 1er juillet 1936 beaucoup de Français découvrent le privilège de faire la grasse matinée plusieurs jours de suite, quinze pour être exacte ; ou, nettement plus spectaculaire : l'événement de quitter la ville, de voir pour la première fois la montagne, l'éblouissement de découvrir la mer. Ma grand-mère défend les initiatives socialistes du gouvernement, d'autant – elle pense à sa fille – qu'il a créé un « sous-secrétariat aux Sports et Loisirs », qualifié aussitôt par la droite de « ministère de la Paresse ». Mon grand-père, toujours enclin à musarder, n'entre pas dans ces affrontements politiques. Il préfère rendre grâce à la Providence. Comme il est dessinateur dans des bureaux de la SNCF (il est « cheminot », un terme qui, petite, m'évoquait un roman de la comtesse de Ségur, *Diloy le chemineau*, ce qui me laissait songeuse) et que ce statut donne droit à des billets de train gratuits, mes grands-parents peuvent choisir de belles destinations. D'abord, le lac de Côme, où ma grand-mère a la révélation des lauriers-roses ; puis, l'été suivant, Arcachon, qui décide d'un changement de leur destinée et, partant, des années plus tard, de la mienne.

Ils avaient choisi Arcachon à cause de son bon air et de ses effets spécifiques sur les poumons, car mon grand-père souffrait, à la suite de la guerre de 1914, de problèmes respiratoires. Ils avaient donc quitté Viroflay avec l'idée de profiter au maximum de ce temps béni de quinze jours au bord de la mer, quinze jours à être payé pour ne rien faire, à découvrir l'art du *farniente*, un talent pas si naturel en dépit de ses allures de facilité. Ma grand-mère Eugénie s'interrogeait sur la flore du Bassin, mon grand-père Félix se promettait de beaucoup se promener et, ainsi, de se porter mieux par la seule grâce de respirer. Guérir comme on respire : un programme de rêve. Et c'est bien l'impression d'un rêve que leur a faite ce premier séjour.

Ils avaient loué une maison à deux pas de la place des Palmiers (actuelle place Fléming), à l'orée de la forêt, au pied d'une dune. Le type d'emplacement menacé d'ensablement et où, par grande chaleur, on étouffe. Tout les a enchantés : la maison même, basse, dominée par les pins et entourée d'hortensias, l'exploration de ces merveilles d'architecture que sont tant de villas de la ville d'Hiver, les parfums mêlés d'iode et de varech, de résine et d'aiguilles de pin, les trajets à bicyclette vers la plage du Moulleau ou des Abatilles – trajets non sans chutes pour ma grand-mère qui, sans être née au Grand Siècle, n'avait aucune affinité avec des activités sportives. Dans son effroi, il lui arrivait d'arrêter de pédaler, comme pour mieux considérer cet objet insensé qu'elle avait eu la faiblesse d'enfourcher ; mais, lorsque ça roulait bien, elle était tellement contente qu'elle lâchait le guidon pour attraper une fleur ou souligner de la main un mot de la conversation. Quant aux bains, ni l'un ni l'autre ne sachant nager, ils en jouissaient par procuration en regardant leur fille se métamorphoser sous leurs yeux en algue. À vrai dire, le côté végétal, passivement flottant de l'algue s'associait mal à la personnalité de leur unique enfant, laquelle, énervée par l'air marin, nageait, sautait, courait jusqu'à épuisement, et, toujours en veine de se dépasser, demandait à son père de la chronométrer. De sorte que ce premier été arcachonnais, vécu comme une récréation inespérée par mes grands-parents, dut être plutôt pour leur fille une sorte de tremplin vers l'excellence – vers une victoire qui la distinguerait un jour. Dans quel domaine ? Celui du sport, assurément. Et lequel ? La natation, sans l'ombre d'un doute. Ses parents, anxieux de la voir trop se fatiguer, cherchaient à la modérer. En plus, disait son père, il faudra bien un jour que tu mesures tes capacités en compétition de groupes. Elle sortait de l'eau, s'ébrouait.

– Des groupes ? Ah ça non ! (Elle jetait un regard hostile aux premiers clubs de natation en train d'apparaître sur la plage.) Les groupes, je ne supporte pas, s'indignait Jackie, extrêmement jolie, et douée, mais rebelle à l'idée d'efficacité et rétive au projet de s'intégrer à une équipe, ou tout simplement de s'intégrer à quoi que ce soit.

Et elle repartait dans l'eau à l'assaut d'un meilleur score.

Mes grands-parents n'eurent qu'un désir : revenir. Ce qu'ils ont répété chaque été. À chacun de leur retour, le jardin, mince zone frontière entre la maison et la dune, avait rétréci. Le sable l'envahissait. Des pommes et des aiguilles de pin s'étaient accumulées sur la toiture. Les hortensias avaient mauvaise mine. À l'intérieur, du sable empoussiéré recouvrait les meubles et le plancher. Il crissait sous les semelles. Armés de pelles et de balais,

Félix et Eugénie reprenaient le combat ; dans une indifférence aux lois de la physique et à l'inéluctable de certaines issues. Cette masse de sable suspendue au-dessus de leur tête – la même dune dont une des pentes allait servir bientôt de piste de ski à une partie audacieuse de la population – leur paraissait amicale. Balayer et rebalayer le sable leur était une occupation légère. Elle allait avec le goût tout neuf des vacances, avec le claquement des volets s'ouvrant sur un temps libre.

Leur première maison d'Arcachon, je ne l'ai jamais vue. Sa situation précaire avait sans doute conduit à sa destruction. Mais elle avait tant d'importance dans les récits de mes grands-parents que je la croyais liée à un secret, celui de leur coup de foudre pour le génie d'un lieu, et détentrice d'une énigme : l'énigme de la Joie. Au point que je suis souvent allée en contempler l'emplacement quand j'avais à me rendre place des Palmiers – par exemple, quand on m'envoyait acheter un médicament à la pharmacie du même nom, ou que j'allais jouer chez une amie.

Venu le moment de la retraite, ils ont déménagé de Viroflay et de la maison au pied de la dune. Ils se sont véritablement installés à Arcachon, d'abord villa l'Osseloise, rue de la Mairie, puis avenue Régnault ; ils ont pu enfin en savourer toutes les saisons, selon leurs nuances et gradations. Ils ont pu aussi connaître, cela qui devait me fasciner plus tard, les alternances de foules estivales et de plages désertes, de bruit et de silence, les équinoxes d'automne et la floraison du mimosa en février.

La blessure salvatrice

Parler de révolution à propos de la loi des congés payés de 1936 et de l'effet qu'elle eut dans l'existence de mes grands-parents est excessif. D'abord, par rapport à l'importance des vacances dans leur mode de vie. Félix et Eugénie sont trop heureux au quotidien, trop satisfaits de leurs routines, des petites routes de leur amour, pour saluer telle une libération inouïe l'octroi de deux semaines de vacances. Être amoureux est une occupation en soi, à laquelle les vacances ne font que permettre une plus large expansion. Mais ce qui empêche surtout cette loi de déclencher en eux le coup de tonnerre d'une révolution, c'est que Félix, survivant de la guerre 1914-1918 (qui a fait 9,5 millions de morts ou disparus), avait déjà éprouvé la soudaineté d'un monde bouleversé. Et il n'y avait rien de comparable entre la découverte d'un temps de loisir et la plongée dans l'horreur d'une guerre ! La cassure était là, opérée par l'épouvante.

Il avait traversé la tuerie. Les bombardements, les poursuites baïonnette au poing, les combats corps à corps, le contact physique avec l'ennemi, son visage proche, sa même jeunesse. Félix Marie Joseph, en chrétien, était malade de devoir tuer. Mais, en patriote, il croyait en sa mission. Tout en courant parmi les explosions, asphyxié de gaz, entravé par les corps qui tombaient, il apercevait, très haut, la figure étincelante d'une France victorieuse. Elle lui faisait signe, s'adressait à lui, réclamait son courage, son ardeur au combat. Alors, il n'avait pas eu besoin du soutien de la « gnôle » ou du « pinard » pour entraîner ses hommes, les précipiter avec lui dans le charnier. La France à ses yeux prenait parfois le sourire de la Vierge, et tandis qu'il s'écorchait aux barbelés et galopait comme un dératé sans plus rien distinguer du carnage, ce n'était pas seulement lui qui courait mais aussi, l'accompagnant, invisible, infatigable, l'être de son enfance, le petit garçon qu'il avait été et que les reposoirs disséminés dans sa lande de Bretagne ne cessaient de protéger et de rassurer sur sa bonne étoile. Pourtant, très tôt, le 5 octobre 1914 à Beuvraignes, il est blessé à la hanche droite par un éclat d'obus. Est-ce une fois où le petit garçon à la bonne étoile, endormi sur sa paillasse et béatement sourd au grondement du canon, a oublié d'être à ses côtés ? Au contraire. C'est cette blessure qui le sauve. Félix est transporté sur un brancard au milieu des combats qui, au nord de Beuvraignes, dans le bois des Loges, font rage : 1 857 morts, sur une étendue de 6 050 mètres carrés. Une hécatombe du côté allemand comme du côté français. Durant une semaine, sans une pause, les soldats s'affrontent. Les cadavres sur le sol s'accumulent. Ils ne sont recouverts que par les giclées de terre jaillies des bombardements. Eugénie est sans nouvelles. Elle sait seulement que l'opération militaire allemande appelée « la course à la mer » est horriblement meurtrière. Elle attend une lettre, un mot, se consume d'angoisse et puis, soudain, n'en peut plus. Elle part à la recherche de son fiancé à travers les hôpitaux de fortune en train de se multiplier dans les anciens grands hôtels, les châteaux, les couvents. Et, elle qui n'a jamais quitté la Normandie, enquête en totale inconscience dans les plaines de la Somme dévastées. Elle prend des autobus, se fait transporter par des paysans, est prise dans le désordre de groupes de villageois fuyant l'ennemi, marche à travers des ruines, ne sait pas vers quoi elle va et ne sait pas davantage comment revenir chez ses parents, jusqu'au jour de la fin novembre où, dans une école transformée en hôpital, un soldat amputé d'une jambe lui dit qu'il connaît Félix Charles, qu'il faisait partie comme lui du 94e régiment d'infanterie mais que, dans l'enfer de la bataille du bois des Loges, il ignore complètement ce qu'il a pu advenir de lui. Que cet homme ait vu Félix vivant donne à Eugénie un regain d'optimisme et, quand elle réussit à rejoindre le haras de son père, elle est confiante dans l'avenir. La première lettre qu'elle reçoit de Félix, de Montdidier, la rend folle de joie. Quoiqu'il soit très mal, il est sûr de survivre. Sa blessure s'est infectée, mais les mouvements de la hanche sont intacts. Il a appris du massacre auquel il a échappé le prix de chaque instant arraché à la mort. Lui aussi, comme Mme du Barry, la favorite de Louis XV condamnée à la guillotine et qui supplie le bourreau de lui accorder encore une minute, il prie, supplie, que lui soit accordé un supplément, même minime, qu'il passe la nuit, qu'il ait la chance d'atteindre les premières lueurs du lendemain matin. Il mettra des mois à guérir et sera officiellement réformé le 12 août 1915, avec croix de guerre et citation : « Très belle conduite au feu. A, par son énergie et son sang-froid, repoussé brillamment avec ses hommes une attaque ennemie dirigée sur sa section. »

Exactement le même mois, en octobre 1914, peut-être même le jour où Félix Charles reçoit un éclat d'obus et s'effondre dans un bois jonché de cadavres, Paul Claudel, de Bordeaux où il se trouve en tant qu'employé au service des prisonniers, va faire une promenade à l'Océan et marche sur une plage jonchée de méduses. « Arcachon et de nouveau l'Océan, note-t-il dans son journal. Ces gros morceaux de chair translucides sur la plage, avec les profondes soupapes où je mets les doigts. » Son beau-frère, Antoine-Jean Sainte-Marie Perrin est sur le front, près d'Ypres, il sera tué quelques semaines plus tard. Il a écrit dans une lettre à ses parents que s'il mourait il ne faudrait pas le plaindre car « il jouirait auprès de Dieu du bonheur réservé aux martyrs ». Claudel l'approuve et en ressent une immense exaltation. On apprend à la famille que le jeune homme est blessé. En réalité, c'est une erreur. Réaction de Claudel : « La nouvelle du salut de S.-M. est fausse. Le monsieur s'était trompé de nom. C'est mieux ainsi. La famille de mon beau-père était digne de ce martyr. » N'empêche que lui, il est vivant. Il se promène dans les rues d'Arcachon, prend au bout de la jetée un bateau pour le cap Ferret, débouche, par un chemin de sable, sur une plage de l'Océan. Il marche dans le vent et le soleil. Saisi par le miroitement de la lumière sur la chair gélatineuse des méduses, il enfonce ses doigts dans leurs trous. Comme si, par là, il assouvissait un appétit obscène, ou, plus symboliquement, bloquait – pour un temps et pour lui-même – le pouvoir pétrifiant de la Gorgone.

En supplice sur son lit d'hôpital, Félix est sans vive curiosité pour le bonheur réservé aux martyrs. Il n'a qu'un désir : guérir, pouvoir à nouveau, un jour, marcher dans le vent et le soleil.

Nombreux sont les bâtiments, à Arcachon, qui ont servi d'hôpitaux provisoires ou de maisons de convalescence pendant la guerre de 14-18. Mon grand-père, lorsqu'il découvre la ville, plus de vingt ans plus tard, ne se soucie pas de les répertorier. Il pédale en sifflotant devant le Grand Hôtel, le collège Saint-Elme, l'Aerium Saint-Joseph, le casino Mauresque, le couvent Saint-Dominique, qui tous ont hébergé des blessés. Il les regarde au présent. Il est vivant et c'est l'été. De l'enfer traversé, il a seulement gardé la pensée d'une blessure salvatrice. Une reconnaissance, un esprit de bénédiction. Il monte en boitillant les marches de l'église Notre-Dame et fait sa prière devant la statue de la Vierge sauvée des flots par Thomas Illyricus, le franciscain fondateur de la ville. La statue est en albâtre, son voile est d'un bleu pâli, sa couronne est défraîchie mais toujours bien plantée sur sa tête. D'un bras, elle soutient l'Enfant Jésus. La main de son autre bras est cassée. La jeunesse de Notre Dame d'Arcachon est d'une adolescente. Félix allume un cierge : Ô ma Mère et ma Souveraine, avec quel bonheur je me prosterne à vos pieds ! Étoile de la mer, guidez le matelot sur l'abîme, et conduisez-le au port, Secours des Chrétiens, préservez les familles, protégez les enfants, Cause de notre joie, consolez ceux qui pleurent.

Autant que la senteur de l'air, il aime que Notre Dame d'Arcachon soit la rescapée d'un naufrage. Être rescapé, cela vous rend plus sensible à la douceur des choses vivantes.

Le bleu du lac

Si Jackie n'aurait jamais songé à regarder au-dessous d'elle lorsqu'elle nageait, ni à déchiffrer sous sa gracieuse ligne de flottaison des strates du Passé, et encore moins à traquer des épaves du Grand Siècle, c'est parce qu'elle a pris de son père le choix du présent et que nager, sa vocation, appartient à l'instant ; mais c'est aussi, comme elle le répète souvent, que *les histoires des autres ne l'intéressent pas.*

Et la sienne, sa propre histoire, l'intéresse-t-elle ? Certainement, mais sans éprouver l'envie d'en faire récit, ou même, plus profondément, sans y voir une *histoire.* Il n'y a que quelques rares épisodes qu'elle évoque, qui d'ailleurs ne recoupent pas ceux racontés par sa mère. Celui-ci, par exemple : Comment pendant un été à Charavines, dans les derniers mois de sa grossesse, elle nageait tous les jours dans le lac de Paladru dit « le lac bleu » – un bleu de lac de montagne – et, tout en nageant, se murmurait, comme une comptine ou une prière au génie du lieu, pourvu que les yeux de mon enfant soient de la couleur du lac. Elle était fine et musclée. Sa grossesse alourdissait à peine sa silhouette. Elle portait un maillot entier en coton brun qui allait bien avec son bronzage, une ceinture violet-rouge soulignait la rondeur de sa taille. Elle riait facilement, chantait. Elle disait « mon enfant » sans pouvoir préciser « mon fils » ou « ma fille ». La médecine ne pratiquait pas les échographies. On s'en remettait, pour essayer de prévoir le sexe de son futur bébé, à des trucs superstitieux, à un savoir de bonnes femmes. Jackie ne cherchait pas à prévoir. Elle vivait dans la bulle de son présent, comme moi dans celle de son corps. La température du lac était plus fraîche que celle du clair liquide dans lequel je baignais. Et c'était bien qu'il en fût ainsi, car aussi fanatique fût-elle de natation, ma mère ne séjournait pas jour et nuit dans l'eau du lac, alors que pour moi la cavité amniotique était ma seule demeure.

Il fait chaud cet été à Charavines, tandis que la France depuis le 8 Mai célèbre la Libération, ou plus exactement panse ses plaies. Sur ce qui pouvait se passer dans le reste de la France, en Europe, dans le monde, elle n'a jamais pu me dire un mot. Elle est aussi inarticulée sur le sujet et loin des événements que les poissons du lac. Elle est avec les tanches, les carpes et les truites dans leur avancée instinctive, leur sensation de profondeur et légèreté, leur vision aveugle, une algue frôlée, le clapotis d'une barque, la tempête d'un coup de rame. Elle nage avec les poissons, comme je nage avec elle. Jour après jour, elle s'abandonne à l'eau du lac et moi au liquide amniotique. J'habite son rythme. Ensemble, nous flottons.

Il n'y a rien d'autre dans cet épisode : elle est enceinte de moi, elle nage, elle rêve sur la couleur de mes yeux. À peine un épisode, plutôt une évocation. Et à la différence de ses séjours de vacances à Arcachon où il m'est facile de l'imaginer qui sort de l'eau et court vers la serviette que lui tend sa mère, là, durant cet été où elle m'attend, je n'imagine personne sur la rive.

La valise-berceau

Gravida, lourde, chargée d'un bébé en gestation, elle ne l'est pas. Le lac la déleste de mon poids. Elle progresse, légère, dans sa grossesse. Elle nage jusqu'à la limite du possible, ne rejoint son mari qu'au début de l'automne, chassée par les brouillards et par l'eau devenue trop froide. Elle s'est peut-être retenue de la tentation de laisser cette histoire se perdre dans le bleu du lac. Une tentation, rien de plus, puisque je nais à Lyon en octobre. Je nais, encore sous le charme des musiques et douceurs mêlées des eaux de ma mère et du lac, les premières à peine marquées d'un soupçon d'acidité, les secondes d'une fadeur globale. J'émerge dans une ville baignée par deux fleuves. Je nais, comme ma mère, au lendemain d'une guerre. Dans une ville où tous les ponts ont été détruits par les Allemands dans leur fuite devant la progression des troupes françaises, une ville où les règlements de comptes entre résistants et collaborateurs sont violents (Jackie remarque, sans s'en inquiéter outre mesure, des galopades sur les toits et des coups de feu), une ville surtout où mon père a encore la tête dans les combats. Il est encore dans la peur, dans les nuits où, en tant qu'agent de liaison transportant des messages cachés dans son vélo, il dévale des côtes, roule, guettant chaque son, sur des routes de montagne, à travers des bois, contourne aux premiers signes de l'aube des villages fantômes. Il garde le souvenir proche, la hantise, de Lyon sous l'occupation allemande, des tortures et des exécutions mais il se rappelle aussi l'explosion de joie quand il comprend, après plusieurs jours d'affrontements obscurs et d'avancées indécises, de tirs mal ciblés, de poursuites dans l'entrelacs de rues aux stores tirés et aux volets clos, de galopades dans les galeries souterraines des traboules, qu'ils ont gagné.

Tout de suite après l'accouchement, Jackie s'informe de la couleur de mes yeux. J'ai du mal à croire qu'ils aient été dès les premières minutes du bleu du lac où elle avait nagé tout l'été, mais ils lui sont apparus tels quand on lui a remis le bébé dans les bras. Elle aime bien se rappeler ses vacances à Charavines, puis, sans transition, le moment où elle s'aperçoit que ses vœux ont été exaucés, ensuite il n'y a plus de récit. Par exemple, pourquoi mon père et elle ont décidé de quitter Lyon n'est jamais dit. Ils s'en vont alors qu'elle a fait peu avant ma naissance une demande de travail comme secrétaire. Et, de toute manière, même si la réponse avait été positive, il est clair qu'elle a déjà éliminé le secrétariat au profit du lac. Mais plus étrange, ils vont quitter Lyon alors que mon père y a trouvé un travail et qu'il se sent attaché à cette ville. Lié par les dangers traversés pendant la guerre – et peut-être par autre chose, ou par quelqu'un. Mais cela, encore moins que les questions de travail, ne pourra jamais entrer dans une parole, ni de lui ni d'elle : Jackie me dit une fois que lorsqu'elle avait mis les pieds dans le petit appartement lyonnais, 120, rue de Sully, il était manifestement inhabité, avec pour seul « meuble », contre un mur, le vélo d'Armand.

– Et qu'est-ce que tu as pensé ?

– Rien. Peut-être que j'avais épousé quelqu'un qui n'était pas un homme d'intérieur. Ça ne me gênait pas. Le confort n'a jamais été ma tasse de thé.

Mais avec un enfant il faut aménager un peu un intérieur. Jackie n'y arrive pas, fait appel à sa mère. Devant la flagrante incapacité d'un couple qui ne veut vivre que dehors, ma grand-mère intervient. Elle débarque à Lyon dans l'hiver et m'emporte. Elle a préparé une petite valise douillettement matelassée de lainages, ce sera mon berceau pendant le trajet interminable qui nous amènera à Arcachon. Au lieu de se sentir soulagés, les nouveaux parents sont encore plus déstabilisés. Ils reprennent avec frénésie les activités sportives du temps de leurs fiançailles. Bicyclette, ski, tennis. Ils se renvoient la balle du tac au tac. Ils jouent dans une ville et dans un monde en ruine. Armand y met un sérieux effrayant, et pendant ces parties, au lendemain de ses missions d'agent de liaison, il fait l'apprentissage d'un autre silence, non celui de la lutte clandestine et de la peur solitaire, mais le silence à deux, aux formes variables et susceptibles de s'habiller des allures les plus contradictoires. Mon père garde pour lui ses pensées. Ma mère se montre d'une gaieté irrépressible. Il est possible qu'avec les premiers jours de printemps, les lilas sauvages et l'élan qu'à simplement regarder filer ses eaux vertes dégage la Saône, ils se sentent si sûrs et heureux dans leur corps qu'ils s'échangent des « Je t'aime » sincères sur les ponts en reconstruction. Ils marchent beaucoup et, le soir, s'endorment dans la tension d'un épuisement qu'il est aisé de confondre avec le désir. Je suis née d'impulsions sportives et de la convoitise de corps parfaits. Je suis née de parents qui s'étaient rencontrés à quinze ans et que la séparation de la guerre n'a pas fait mûrir à la même vitesse. Ou plutôt lui seul a vieilli. Quand, un soir de janvier 1945, il attendait Jackie sur le quai de la gare de Perrache, dans les gravats recouverts de neige, sous l'arche fendue et la grande horloge désaxée, il ne se rappelait plus l'adolescent qu'il avait été, tandis que la gamine pétulante, en bottines rouges à semelles de bois et chaussettes de laine qui lui sautait au cou, n'avait guère changé.

Ma grand-mère écrit des lettres détaillées sur mon quotidien, auxquelles mon grand-père joint quelquefois un bout de poème : une mouette qui se promène au bord de l'eau, un vol de palombes, un banc de sable comme une apparition. Ma mère apprend des lignes de poèmes par cœur. Elle gomme la dimension mystique et la traduit en envie de bouger, d'aller courir sur le sable et de s'étirer au soleil. Jackie et Armand lisent les lettres sans faire de commentaires. Ils évitent la question : rester à Lyon, partir à Arcachon ? Mon père se dit qu'il va périr d'ennui à longueur d'année dans une station balnéaire et que la valise qui a servi à mon départ pourrait servir à mon retour, mais ma mère veut une seule chose : se rapprocher de ses parents, s'installer pour toujours dans ses vacances d'Arcachon.

L'histoire de la valise, ma grand-mère n'en était jamais fatiguée. Et la valise, devenue plus tard corbeille pour ses pelotes de laine et son tricot, elle me la montrait en riant. Une valise en carton marron, doublée d'un papier à motifs bruns que je continuais de prendre – parce qu'Eugénie était une excellente conteuse ? parce que je m'en souvenais vraiment ? – pour un papier de tapisserie. Une valise « après-guerre », dirais-je à la façon dont Charles-Albert Cingria qualifie son lit de « Marie-Antoinette tardif », ou encore de « Terreur ». Ma valise-berceau appartenait au délabrement de l'époque et à son austérité, mais elle n'avait rien de « terreur ». Elle était « amour » et j'ai pu fantasmer que ma passion des voyages avait son origine dans ce long trajet de Lyon à Arcachon, dans la pleine confiance dont j'étais bercée, dans la douceur éprouvée au toucher de ces lainages accumulés, le délice de dormir en mouvement et, lorsque de tendres mains m'extrayaient de ma valise-berceau et me mettaient devant la fenêtre, dans l'étonnement d'un monde aussi désirable qu'insaisissable. Pendant que ma grand-mère me tresse à sa manière candide la saga d'un geste qui ressemble à un enlèvement, je me raconte que c'est alors que m'est venu l'art du départ. Je serai à la fois la voyageuse et son bagage et, en chaque départ, je m'emporterai moi-même. Cela, en réalité, c'est beaucoup plus tard que j'ai pu me le dire. Quand j'ai commencé d'imaginer un au-delà au Bassin. Quand j'ai commencé d'être piquée par la curiosité d'aller tâter d'autres rivages, de comparer les grains de sable, les couleurs du couchant, et comment, dans la mer, les vagues s'enroulent l'une après l'autre, bondissent en chevaux de l'Apocalypse, ou s'aplanissent en un miroir parfait… La valise-berceau s'est alors dessinée comme un signe de ma destinée. Mais au tout début, dans les mois où je découvre ma vie et où, dès que l'air est assez doux, on m'emmène à la plage, il est plus juste de voir dans la valise-berceau une ébauche du berceau de Noé. Minuscule coque, magiquement insubmersible. Les lainages du trajet en train ont été remplacés par des plaques de liège.

Ajoncs et genêts ont leurs fleurs jaunes. On me pose au bord de l'eau. D'un jour à l'autre la valise-berceau est prête à me servir de bateau.

Jeune homme dans sa course arrêté

Jackie n'a pas mis beaucoup de temps pour aller retrouver parents, valise et enfant. Elle a quitté Lyon sans se retourner, sûre que son mari la suivrait. À Arcachon, ils achèteront un tandem et reprendront leurs parcours sportifs. Si aimer ce n'est pas se regarder l'un l'autre mais regarder ensemble dans la même direction, alors le tandem est le véhicule par excellence de l'amour. L'un derrière l'autre, pédalant de concert dans la même direction, ils avaleront des kilomètres. Par chance, la région est plate. Ils s'écrivent des mots gentils. Elle est bronzée de la tête aux pieds quand elle vient l'accueillir à la petite gare d'Arcachon. Il sourit mais se montre un cran plus silencieux qu'auparavant. En fait, il n'est pas complètement parti de Lyon. Il n'a accepté l'idée de partir que du bout des lèvres. Il garde à part lui la distance d'un retrait. Il a glissé, pliée en deux, dans son livre préféré, *Premier de cordée* de Frison-Roche, une feuille signée du président du Comité de libération du 3e arrondissement, lequel, en date du 7 février 1945, « certifie que M. Thomas Armand a participé à la Libération de Lyon en qualité d'agent de liaison ». Le papier à ses yeux n'a rien de l'éclat d'une citation, à peine un marque-page. De cette guerre, la Seconde Guerre mondiale, il n'emporte avec lui aucune fierté. Plutôt l'arrière-goût amer d'une défaite mal déguisée en victoire. À la différence de Félix, son corps n'en garde pas trace. Il est physiquement intact, mais son caractère, enclin à être taciturne, a pris définitivement ce pli. Enfermé dans son silence et protégé par lui, il est à la fois présent et absent : un dosage dont lui seul détient la clef. Ou croit la détenir, car les murailles du silence se referment sur nous tout autant qu'elles nous protègent.

Arcachon, tout le monde descend. « Le train ne va pas plus loin, après c'est le sable et l'Océan », dit gaiement ma mère. Il est arrivé au bout du voyage. Il étreint sa jeune femme, caresse son épaule nue, pose un baiser sur ses lèvres roses. Et tous deux quittent la gare et s'éloignent, foulant sans le savoir les salles souterraines du Quartier général allemand, désertées à la hâte et abandonnées telles quelles.

Il y a quelques années, alors que je me trouvais à Lyon, assise à la terrasse d'un café devant le théâtre des Célestins, un soir de printemps particulièrement limpide, une silhouette s'est détachée de la façade du théâtre. Un jeune homme. Et avec cet étrange effet d'évidence qui nous rend immédiatement complices des apparitions fantomales et à l'écoute du message que leur retour veut nous livrer, j'ai su à l'instant que c'était mon père, mon père dans sa toute jeunesse. Une mèche de sa chevelure châtain clair, épaisse, légèrement ondulée, lui barre le front. Il porte un pantalon-golf, une chemise bleu sombre, de lourdes chaussures qui à elles seules trahissent les années 1940.

Elles sont marron, comme ma valise-berceau. Et à mes yeux fascinés il s'impose que chaussures et valise ont coexisté dans le petit appartement, 120, rue de Sully. Entre les objets aussi, il y a des complicités. Ces deux-là, chaussures et valise, se sont fréquentées et ont été témoins de scènes qui me seront toujours voilées... Il a couru. Il reprend souffle. Il ne s'adresse pas à moi. Il n'a pas envie de parler. Mais, comme il a su le faire durant sa brève existence, il réussit à me faire sentir que pour lui j'existe comme personne d'autre et à me communiquer exactement, quoique sans mots, ce qu'il éprouve. Il est là, le dos contre le mur de façade du théâtre des Célestins, en pleine force, immobile. Ses yeux bleus semblent guetter un poursuivant. Ils scrutent, au-delà de moi, les étroites rues alentour. Ou bien, car les rues sont aussi des miroirs, ses yeux lui renvoient cette vérité : tu es ce jeune homme dans ta course arrêté. La guerre est finie. Plus personne ne cherche ta mort. Elle ne viendra que de toi. Et ce n'est pas un moindre danger. Cesse de regarder derrière toi. Tu n'es pas poursuivi. Regarde en toi. Vois le piège où tu t'es fourré.

Je l'entends penser comme si j'étais à l'intérieur de sa tête. Je l'observe de près. Il n'a pas l'air triste que je lui ai toujours connu, ni les trois fines rides au coin des yeux. Je retiens mon souffle. Je suis sidérée et, en même temps, il me semble qu'il n'y a rien là d'extraordinaire, même si de partager soudain son espace et sa jeunesse me fait battre le cœur et me confirme dans cette intuition qui, très tôt, m'a atteinte : la certitude qu'au jour où je nais, son avenir se ferme. Est-ce un peu vrai pour toute naissance ? Je n'en sais rien, mais pour mon père, pour ses vingt ans, pour cette fièvre de découverte qui vient de s'emparer de lui et ne fait qu'un avec sa stupeur d'être vivant, survivant, de la deuxième hécatombe mondiale, la naissance d'un enfant tue son élan vers le futur. Son amour n'était peut-être qu'une passade d'adolescent. Sans enfant, il aurait eu la liberté de voir jusqu'où cet amour le menait ; et, s'il n'allait pas loin, le courage de rompre. Jackie, avec sa beauté et son envie de chanter, s'en serait remise ; si elle n'en avait pas été obscurément soulagée. Mais avec le bébé qui vient de naître, la petite fille aux mêmes yeux que lui, l'enfant qu'il reconnaît et en qui il se reconnaît, les jeux sont faits.

Par une ironie de l'Histoire, la Maison des sciences de l'homme, où je travaille à Lyon, est à l'emplacement même où sévissait la Gestapo dirigée par Klaus Barbie. Et chaque fois que je prends les escaliers menant au sous-sol pour, enfermée dans une petite pièce, réfléchir et discuter avec des collègues sur la plume pamphlétaire de Voltaire, le personnage du prince de Ligne, ou la rhétorique des feuilles incendiaires du *Père Duchesne* sous la Révolution, me traversent des visions de corps torturés, de Juifs, de Résistants, d'hommes et de femmes frappés à coups de poing, de nerf de bœuf. Ils sont ranimés avec des seaux d'eau et ça recommence : on leur arrache les ongles, les brûle avec une lampe à souder, on leur fait subir le supplice de la baignoire, on entaille au rasoir la plante de leurs pieds et on les force à marcher sur du sel. Leurs cris couvrent la voix du conférencier, des traces de sang mal absorbées par les pierres s'étendent en taches sur les murs, et puis les cris cessent, le sang s'efface et je rattrape le fil du discours.

Une championne en herbe

Jackie est revenue à Arcachon, elle est revenue en vacances. Elle occupe avec son mari le rez-de-chaussée de la nouvelle maison de ses parents, construite non pas comme la première à la lisière de la forêt, mais à la lisière de la ville d'Hiver, dans la ville d'Été. Elle entend, ou imagine, leurs pas au-dessus de sa tête et par les fenêtres ouvertes les voix conjointes de son père et de sa mère, ce fond sonore qui lui est aussi nécessaire que l'air qu'elle respire. Et si elle sort dans le jardin, elle peut se mêler de leur conversation rien qu'en jetant quelques mots par-dessus les feuillages. On m'a logée à l'étage. J'égrène avec allant des bouts de babillage, manifestations d'attirance vers la vie parlée de ma famille ou vers le concert de pépiements des oiseaux du ciel. Lorsqu'elle se réveille, mon père est déjà parti travailler (comme dessinateur dans les bureaux du chantier naval Couach, puis, quelques mois plus tard, à Facture, dans ceux de l'usine de papier la Cellulose du Pin ; le travail dans cette ville balnéaire ou de retraités, lorsqu'il n'est pas lié au tourisme, a des airs de clandestinité). Elle se prépare et se hâte vers la mer. Son père l'accompagne. Ils ont repris le rythme de l'entraîneur avec sa future championne. Une aventure de chaque seconde. Il est sévère : c'est ce qu'elle lui demande. Elle le désire impitoyable dans sa course vers l'excellence. Il la chronomètre, commente son style, vise à l'améliorer. Elle l'écoute, se consacre à la natation de toutes ses forces. Le soir, au dîner, tous deux ne causent que des performances du jour. Mon père redouble de mutisme. À l'intérieur de la vie familiale et sans jamais la mettre en question, il se retranche dans le silence comme dans une vie séparée. Il n'a pas à le formuler, l'idée du tandem est abandonnée. Elle est littéralement à l'eau. Ma mère s'inquiète : pour le moment, c'est l'été, mais jusqu'à quand pourra-t-elle faire durer l'été maintenant qu'aucune date butoir ne la limite ? Ça dépend, lui dit-on. Ça dépend d'elle aussi. Il y a des années où l'eau est bonne jusqu'à fin octobre et même au-delà. Elle est un peu rassurée, mais ensuite, combien de temps à se ronger avant de pouvoir reprendre l'entraînement ? Les réponses sont encourageantes. Ici, le printemps n'est jamais loin et, une fois le printemps de retour, l'eau a vite fait de se réchauffer. Un climat doux. Rien ne change dans les pignades. On s'aperçoit à peine de l'hiver. Quand même, la nuit tombe de plus en plus tôt, et lorsqu'elle pousse le landau le long du boulevard de la Plage, un vent humide la fait frissonner ; pas de froid, non, l'automne, en effet, s'annonce en douceur. Elle frissonne, comme ça, sans raison. Si on insistait pour qu'elle donne un motif, elle dirait *l'incertitude*.

Et sur les dates et lieux du championnat s'est-elle informée ? À cette question elle serait sans voix. De stupeur, elle lâcherait la poignée du landau. Elle est revenue à Arcachon pour y poursuivre ses vacances. Elle a mis toute sa foi dans la ville d'Été. La compétition, sauf contre elle-même et pour le seul témoin – en même temps entraîneur, juge et spectateur – qu'est son père, répugne à sa nature. Elle lui est intolérable. Ma grand-mère me raconte que Jackie, pourtant plus rapide que les autres enfants pour comprendre et mémoriser, dès qu'il s'agissait de compositions ou de semblants d'examens, était prise d'une angoisse folle. Elle pleurait, tremblait, hoquetait qu'elle allait mourir. Ses crises semaient la zizanie. Brandir l'étendard de la mort au milieu d'écoliers en proie aux difficultés de la table de la multiplication ou de l'accord du participe passé dévalorisait l'épreuve. Les problèmes sur lesquels ils s'échinaient devenaient ridicules.

Jackie est allergique à toute forme de classement. Cela ne l'empêche pas d'aduler la nageuse olympique. De se rêver en championne. « Je donnerais toute la poésie de Baudelaire pour une nageuse olympique », a écrit Céline. Sûr qu'elle applaudirait des deux mains à cette déclaration. Elle n'a pas besoin d'avoir lu *Les Fleurs du mal* pour être cent pour cent d'accord.

Ramper

Il a longtemps été d'usage sur la plage d'Arcachon
de dresser au commencement de juillet des tentes.
Elles sont en toile rayée et plantées selon une ligne
parallèle à la mer. L'espace d'un petit auvent les sépare
les unes des autres. Elles servent surtout à se déshabiller,
mais aussi à se reposer, à lire ou jouer aux cartes sous
l'auvent protecteur. Moi, c'est l'intérieur des tentes
qui m'intéresse. Dès que ma mère ou ma grand-mère
me perdent de vue, je pars en expédition. Je me mets
à ramper d'une tente à l'autre. Grâce à ma taille
miniature et à ma discrétion, je disparais ainsi dans
la pénombre orangée à la tiédeur attirante. J'avance à
hauteur de chevilles, jamais au-dessus des mollets. Je
me faufile parmi des hommes qui se contorsionnent
pour faire glisser un maillot, des femmes qui défont
leur soutien-gorge, se frictionnent avec ardeur. Je passe
entre des jambes, frôle des poils, respire des odeurs de
nudités mouillées. Je pointe le nez sous les gouttelettes.

Un des attraits de ces déambulations réside dans
leur atmosphère particulière. Mais le sable reste le
même que celui de l'extérieur. Et, attentive à ne pas

me faire repérer par ces géants aux gestes incontrôlés, c'est contre le sable et avec le sable que je progresse, enfonçant genoux et avant-bras dans sa douceur poudreuse, toute en éveil vers la tente suivante et les grotesques gesticulations qui s'y produisent. Ramper a plein de bons côtés. C'est à se demander si apprendre à marcher vaut le coup.

Je ne rampe pas uniquement sous les tentes rayées orange et blanc, je progresse aussi à découvert. Je détale avec autant d'énergie et, puisque personne ne m'en empêche, moins de ruses, en direction de l'eau. Et comme je n'ai pas à passer sous les toiles, je peux m'offrir le luxe d'y aller à quatre pattes, de m'arrêter où je veux, auprès de parents avec des enfants, de jouer au passage avec leurs pelles et petits seaux, de piétiner leurs serviettes. Et ça, c'est exquis. J'adore le sable, mais ces îlots multicolores de tissu éponge me ravissent. Tellement que je m'y couche entière, puis m'en vais traînant la serviette avec moi. Jusqu'à ce que ma mère ou ma grand-mère me stoppent, ou bien le propriétaire en personne. Un brin gêné de disputer en public son bout de serviette et à une toute petite. Une de ces situations dans lesquelles les grandes personnes, avec leurs grands pieds, leurs battoirs de mains, leur ventre de baleine, ont le talent de s'enferrer. L'incroyable dimension de leurs pieds : je ne sais pas pourquoi, c'est lorsqu'ils sont à moitié enfouis dans le sable et qu'ils se découvrent soudain que j'en constate le mieux l'énormité. Je l'observerai à nouveau, quand il s'agira de rentrer à la maison et qu'elles, les grandes, les *très* grandes personnes, s'assoient sur un banc et s'enlèvent le sable entre leurs doigts de pied. Il devrait exister des brosses exprès pour se dessabler les extrémités. Ça leur serait utile. Elles s'activent en maniaques. Parce qu'il ne faut pas rapporter de sable à la maison ? Absolument pas. Et au varech, ai-je droit ? Non plus, mais c'est moins grave. Alors j'en profite pour garder collés contre ma peau ces minces fragments de rubans noirs, le tatouage du jour.

Mon chemin vers la mer est de longueur changeante. Il est long ou court selon les marées. À marée basse, je vais *vers* l'eau ; il n'est pas certain que je l'atteigne. Elle est si loin qu'infinies sont les possibilités de détours et distractions.

D'ailleurs, si je n'ai pas cédé au plaisir de plonger le visage dans le varech, à celui de tremper dans l'eau tiède d'une baïne formée par la marée basse ou à l'attirance vers une serviette étrangère, il peut m'advenir la chance, autrement aventureuse, d'une barque échouée sur le sable. Elle est penchée, offerte à l'escalade, et si je me cache au fond, sous une de ses banquettes en bois, ce n'est pas demain la veille qu'on me retrouvera.

Sur le chemin vers l'eau tout est possible, même la chose la plus renversante, cette béance : la rencontre avec un enfant – ma présence absorbée par le regard d'un autre.

Tandis que je rampe, captivée par la suite infiniment changeante des merveilles déployées sur le sable, ma mère a disparu. Elle se baigne. Elle nage le crawl. Elle aussi elle rampe, mais dans l'eau. La vue de ma mère se dirigeant vers l'eau pour aller nager me laisse sereine. Je n'appartiens pas à la catégorie des enfants qui pleurent si leur mère fait le mouvement de les quitter. Je sais m'associer à son contentement. D'évidence, nous ne jouons pas à ramper dans le même élément, mais, pour elle comme pour moi, il s'agit d'une occupation importante. Notre accord est moins fusionnel que du temps où, simple fœtus, je croissais protégée par la double enceinte de son corps et du lac ; il est toujours sûr.

Les enfants venus d'ailleurs

Nous, les enfants de la plage, nous éprouvons un sentiment de supériorité par rapport aux enfants venus d'ailleurs. Ceux-ci débarquent en masse et aux mêmes dates, 1er juillet ou 1er août. Ils repartent pareil, à des dates fixes. Cela ne se produit jamais qu'un enfant estivant ait tellement envie de rester que ses parents, conciliants ou bien ébranlés par la force de sa résolution, retardent leur date de retour. Ou, même, ne reviennent plus dans le pavillon aux volets fermés qu'ils ont laissé derrière eux. Comment est-ce possible, dis-je, d'habiter un mois là où c'est le plus beau et puis de s'en aller à la date prévue, comme si rien n'avait eu lieu ? Ils s'étonnent que je m'étonne. Nous sommes en vacances, disent-ils. Ça leur paraît une explication.

Les enfants venus d'ailleurs sont très blancs. Leurs mères n'arrêtent pas de leur courir après pour leur remettre de l'huile solaire sur les épaules et leur casquette sur la tête. Je me demande pourquoi elles se dépensent autant puisque rien n'y fait. Les petits vacanciers finissent toujours par peler. En plus, tout les effraie, tout les dégoûte. Ils contemplent avec répulsion les grosses méduses gélatineuses échouées sur le sable, des masses de transparence passives jamais habitées par la moindre intention de nuire (aucun n'aurait l'idée, comme Paul Claudel, d'y enfoncer les doigts !). Lorsqu'ils aperçoivent des petits crabes verts gentiment affairés à jouer des pattes en oblique sur les sables marins, ils poussent des cris. Certains enfants n'ont pas tout de suite l'attirail de l'été. Ils déboulent en chaussures de train, pantalons. Les filles ont des robes et des nœuds dans les cheveux.

Les enfants venus d'ailleurs jettent sur ce nouveau monde des regards effarés. Il leur faut du temps pour comprendre. Comprendre quoi ? Mais tout ! Pourquoi la mer se retire si loin puis revient ? Qu'est-ce que la lune peut avoir à faire avec cette histoire ? Pourquoi le passage du sable à l'eau est continu et non coupé à la perpendiculaire comme un rebord de piscine ? D'où viennent les vagues ? Pourquoi y a-t-il des corps qui flottent et d'autres pas (le leur, par exemple) ? Pourquoi les poissons n'émettent-ils aucun son ?

Et pourquoi l'eau est-elle salée ? Alain, un petit garçon africain, a la réponse : Il est convaincu que la mer abrite des monstres et que, si elle est salée, c'est à cause des larmes de ses victimes. Je vais pour essayer de lui prouver qu'il a tort et puis j'arrête : sa terreur crève les yeux.

Nous, les enfants de la plage, nous nous déplaçons vite et tournons, comme des derviches, d'une activité à une autre. Munis de nos épuisettes, nous pêchons des crabes, des étoiles de mer, des hippocampes. Les crevettes passent entre les mailles, ce n'est pas grave.

Les couteaux, pour les attraper il faut repérer dans le sable le trou indiquant la présence d'un de ces coquillages, déposer du sel et le couteau nigaud pointe. Il y a aussi les coques, les moules, les palourdes.

Les enfants venus d'ailleurs ne savent rien de tout cela.

Notre sentiment de supériorité s'applique même à l'occasion de faits divers tragiques. On nous parle d'accidents de noyade, nous pensons : sont-ils assez bêtes ! Notre mépris est encore plus écrasant quand les enfants venus d'ailleurs sont en colonie de vacances. Ils vont en rangs et en chantant. Nous aurions presque pitié. Il est inscrit que nous ne jouerons jamais avec eux. Ce n'est pas vrai pour les autres enfants estivants. En réalité, la plupart bronzent et se dégourdissent rapidement. Ils apprennent plus vite que progresse l'été. Et, souvent, leurs questions extravagantes nous donnent des idées. Dans les bandes qui se font et se défont, on oublie qui vient d'où et pour combien de temps. On expédie les formalités de nom et d'âge pour s'activer ensemble. Nous construisons des châteaux de sable avec créneaux et tourelles, fossés et ponts-levis. Les fossés à sec sont inefficaces. Mais la marée montante en fait de redoutables défenses. Le château est invulnérable. Ça ne dure pas longtemps. Cette même eau qui le protégeait des ennemis se change en son pire ennemi. Elle envahit ses soubassements (les oubliettes où croupissaient des traîtres ?), gagne ses murailles. Par vagues courtes et régulières la mer nivelle les fossés, sape créneaux et tourelles. Les failles s'aggravent. Des blocs se détachent d'un coup. Le superbe château vire au tas de sable. Miné, il s'écroule par pans entiers. Les bâtisseurs dans l'âme souffrent à l'admettre. Tandis qu'appliquée et pleine d'espoir, je colmate une faille avec de l'écume, les garçons se démènent, rétablissent une toiture, jouent de l'aplat de leur pelle. Il faudrait, dit l'un d'eux, pour sauver le château construire un barrage. Je n'y crois pas. Il est trop tard. J'abandonne l'écume, je déserte le domaine des bâtisseurs et m'associe à l'activité modeste de jumelles qui moulent des galettes de sable mouillé. Les deux petites filles sont absolument identiques, comme leurs galettes.

Le château continue de crouler. Vous auriez dû le construire dans le sable sec, là où la marée ne monte pas, pontifie un père qui ignore l'attrait des causes perdues et l'empire des ruines. C'est parce que le château s'écroule, c'est dans l'intervalle où, quoique délabré, il garde des traces de sa gloire passée, que soudain il s'anime et devient *habité*. Il est traversé de voix, on entend des appels au secours, des histoires se nouent – et une grande tristesse *nous* abat. Car j'ai quitté les jumelles pâtissières et leur série de moules. J'ai rejoint la troupe des bâtisseurs vaincus.

Enfants venus d'ailleurs, enfants dont les journées de plage sont comptées, pour qui une matinée fichue est irréparable. En vérité, je suis comme vous. Ce n'est pas parce que je suis là avant vous et resterai après votre départ que je suis sereine en la matière. Ce qui me retarde à l'heure de partir pour la plage me dévaste de rage, mais d'une rage secrète, silencieuse. Dans le partage des rôles, les caprices et éclats de voix, les effusions bruyantes, les plaintes sont du registre de ma mère. Moins retenue que moi, Jackie, si elle est empêchée d'aller nager par une obligation ou à cause de ce qu'elle appelle « mauvais temps » (vagues ou vent), se met à pleurer. Elle n'hésite pas à exprimer bien haut son chagrin. Ça me surprend toujours un peu mais je ne la blâme pas. Au contraire, je l'envie d'oser manifester la peine qui me ronge. Je l'admire de n'avoir aucune prétention à singer les grandes personnes. Une fois où je m'approche d'elle avec une brassée de poupées et lui demande de jouer avec moi, elle me répond, gentille : « Tu sais, je n'aime pas jouer avec les autres enfants. »

Je l'envie, je l'admire, et je l'approuve. La plage nous réunit. Je suis dans mon monde, comme elle dit. Et elle dans le sien. Ses parents nous surveillent de loin. Sauf quand elle est reprise de sa manie de se dépasser et que son père, en *coach* rigoureux, trace les courbes des moyennes de ses vitesses.

Ma mère est une enfant à part.

Une enfant estivante, définitivement décrochée de toute perspective de retour.

Frontières invisibles

En plus de la couleur de mes yeux obtenue par imprégnation dans les eaux bleues du lac de Charavines, ma mère a une autre anecdote fétiche, non plus d'une transmutation magique mais d'une panique. Cela se passe dans sa première maison, la maison de la rue Sainte-Adélaïde à Versailles. Elle est petite fille. Elle fait une scène à ses parents, gémit qu'elle est malheureuse, qu'elle va mourir. Elle se roule par terre, s'accroche à la nappe, casse un vase. Elle emplit la pièce de ses lamentations. Sa mère est habituée. Son père en a plus qu'assez. Il la prend par le bras, lui ouvre la porte et la pousse dehors : « Si tu n'es pas heureuse avec nous, va-t'en. » Elle est abandonnée ! L'horreur ! Elle est saisie d'un effroi qui lui broie le cœur, comme une énorme pince.

— Une pince en fer, des tenailles de torture. J'ai cru que c'était fini : J'étais à la rue, rejetée de chez mes parents.

— Et qu'est-ce que tu as fait ?

— J'ai continué de pleurer et d'appeler. Au bout d'un moment, qui m'a paru un siècle, mon père m'a ouvert la porte.

– Je suis sûre qu'il y avait plein de chambres vides dans le château de Versailles, tu aurais pu trouver le moyen de te faufiler. Peut-être même qu'il y avait un orphelinat pas loin. On t'aurait recueillie.

Elle me regarde bizarrement.

– Parce que toi, tu te promènes avec une adresse d'orphelinat dans la poche... Tu crois que j'étais ce genre d'enfant.

Je me demande ce qu'elle veut dire par « genre d'enfant ». Je sais qu'elle a remarqué une de mes bizarreries : Je n'entre jamais dans une pièce sans vérifier qu'il y a une fenêtre, pour le cas où je devrais m'échapper. Ça m'interdit certaines toilettes et salles de bains. En contrepartie, je suis capable d'accomplir une évasion où que je sois.

– Non, je n'avais pas d'adresse où me réfugier. Je ne connaissais que la maison de mes parents. Cette terreur de me retrouver devant leur porte fermée, rien que d'y penser...

Elle ne connaît que la maison de ses parents, et la même terreur la reprend quand il lui faut, au bout de plusieurs années bien à l'abri sous leur aile, se résoudre à aller habiter sa propre maison. C'est comme si son père, la tirant par le bras, l'expulsait à nouveau, la précipitait hors du nid. Il fait froid et ténébreux. Elle pleure, perdue dans un jardin obscur. Le monde ne contient aucune autre lumière que les fenêtres éclairées de ses parents.

Sa maison, 14, rue Nathaniel-Johnston, dans la ville d'Automne, où elle pourrait jouer à la jeune épouse et à la femme d'intérieur si ça la tentait, n'est pas, en réalité, à une grande distance de la maison de ses parents, avenue Régnault. *En réalité*. Dans sa tête, c'est différent. Elle se sent abandonnée. À quoi lui sert une maison où sa mère et son père n'habitent pas ? Moi, je suis triste de ne plus vivre auprès de mon grand-père, dans l'enclave de son imagination, dans cette zone incertaine et brûlante où je ne sais jamais s'il invente ou parle vrai (« Qui te dit que c'est plus vrai quand je n'invente rien ! Qui te dit même qu'il soit possible de parler sans inventer ? », répond Félix avec un sourire, aggravant mon trouble). Félix me manque, mais l'attrait de la nouveauté est puissant, et puis, même quand il n'est pas là, ses fantaisies m'accompagnent.

Ça m'inquiète que notre nouvelle adresse se situe dans la ville d'Automne. Arcachon est divisé en une ville d'Hiver, célèbre, une ville d'Été, une ville d'Automne et une ville de Printemps. Je prends à la lettre cette division en quatre villes ou quatre saisons. Félix m'a raconté cette histoire : Les passages de l'une à l'autre, de la ville d'Hiver à la ville d'Été, de celle-ci à la ville d'Automne ou à la ville de Printemps, se font sans transition. « Maintenant que je suis familier de l'endroit, me dit-il, j'ai compris. Je n'aurais jamais l'idée, pour ne pas dire la bêtise, après une belle journée de plage d'aller m'égarer dans les amas de feuilles mortes de la ville d'Automne. Encore moins, d'aller fureter du côté de la ville d'Hiver. Mais il y a chaque été des touristes qui tombent dans le piège. Ils se retrouvent en maillot de bain dans les frimas. Ils cherchent en grelottant leur chemin dans la brume qui, dans la ville d'Hiver, est tombée depuis longtemps. Ils ont dépassé sans s'y arrêter le café Repetto, le bistrot des Marins, l'église Notre-Dame, la place des Palmiers. Le café des Prévoyants de l'avenir, ils s'y sont arrêtés mais n'ont pas écouté ce que leur prédisaient quelques habitués bien imbibés (les sages, m'enseigne mon grand-père, ne se reconnaissent pas toujours au premier coup d'œil). Quant au bar de l'Oubli, où officient en permanence les meilleurs esprits de l'École des Pintés, ils y ont fait une pause bien sûr, mais on se doute qu'elle ne servit de rien... Ils en sont partis tout insouciants et sont entrés gaiement dans la forêt. Et là, dès les premiers pas, un froid épouvantable les a glacés jusqu'à l'os. Les pauvres, ils n'ont guère de chances de réapparaître. Après deux ou trois jours d'absence, leur logeuse affichera *À louer* au-dessus de la chambre où ils ont à peine dormi. » Mi-crédule, mi-incrédule, je l'écoute. Et nous avons ce jeu ensemble de regarder passer les gens et d'essayer de deviner ceux qui ne risquent pas de faire la bêtise et ceux, qui, à tous les coups, vont franchir la ligne invisible.

S'égarer dans la forêt glacée est une perspective sinistre, et je suis la première à la prendre au sérieux. Mais il existe une autre éventualité encore pire. Parfois, en effet, les malheureux touristes, les bras chargés de parasols, sièges pliables, serviettes de bain, s'aventurent dans « l'allée sans nom » entre la lande et le cimetière (certaines fois, Félix remplace *lande* par *bruyère* et *cimetière* par *fondrière* : « Ils s'aventurent dans "l'allée sans nom" entre bruyère et fondrière. » Cette version, peut-être à cause du mot *fondrière* qui pour moi signifie un lieu où l'on touche le fond, me met au bord des larmes. Entre bruyère et fondrière, ils n'ont vraiment aucune chance de s'en sortir. Ils marchent, marchent, marchent. Le trajet est désolant et ne conduit nulle part.

– Nulle part, tu es sûr ?

Mon grand-père garde le silence. Il se roule une cigarette et fixe, à travers les volutes de fumée, le sombre destin de ces étourdis.

Parfois je me fais l'avocate du diable. Je cherche à voir de mes propres yeux, à vérifier de la main la frontière entre une saison et une autre. Mais c'est ça, le piège : les frontières sont invisibles, les passages sont imperceptibles, répond mon grand-père. J'insiste : jamais il n'y a de pareils écarts de températures. On ne passe pas d'un ciel bleu à une averse de grêle. Et puis dans le journal on ne parle jamais de mystérieuses disparitions de touristes. Comment pourrait-on en parler dans un endroit où le tourisme est, avec les huîtres, la seule ressource ! Il y a des mots d'ordre, le syndicat d'initiative a ses agents. Je m'obstine, je discute, il argumente (les palabres font partie du jeu). Pourtant quelque chose en moi est touché et ne peut s'empêcher de croire que, même si les apparences sont d'un seul été ou d'un seul hiver, en émigrant d'un quartier à l'autre s'insinuent en nous les germes d'une autre saison, qui va devenir, en latence d'abord puis d'une façon de plus en plus manifeste, constitutive de notre identité. Ça ne prend pas sur tout le monde. Certains sujets sont plus vulnérables que d'autres. Ma mère, pas sa jeunesse sans défense, va se révéler un sujet idéal. L'été, le plein été, l'abandon innocent à des journées aussi lisses et dorées que sa peau bronzée, elle les laisse dans la maison du rire et de la chaleur. La maison de la ville d'Été et de l'amour de ses parents. En deçà de l'invisible frontière.

Les déménageurs sont partis. Ma mère est assise sur une caisse. Elle contemple le vide. Un courant d'air humide pénètre par une porte-fenêtre entrouverte d'une des chambres en façade. Je sors examiner le jardin. Il est en hauteur. Sur la pente de ce qui devait être autrefois une petite colline. Derrière la maison pousse un figuier dont le parfum me séduit, m'enveloppe d'une trouble sensualité. Je n'ai pas à me le dire mais je sens que j'ai traversé la frontière sans perdre l'été. La ville d'Automne ne m'a pas rapprochée de l'hiver. Elle ne me sera pas néfaste. Et je lui dois mes premiers mots dans une langue étrangère, *Nathaniel Johnston*, mes premiers mots anglais. Nathaniel, un nom que j'ai du mal à prononcer et qui me demeure énigmatique. Cette touche d'étrangeté à mes oreilles ajoute à l'exotisme du déménagement. Une fausse étrangeté, ou plutôt une étrangeté au centre du Bordelais et de ses vignobles, puisque, comme je l'apprendrai plus tard en venant vivre comme étudiante à Bordeaux, Nathaniel Johnston était d'origine écossaise. Il appartenait à une famille de négociants prospères installés en Gironde depuis le début du XVIIIe siècle. Homme politique sous Napoléon III et proche de lui, amateur de chevaux, propriétaire de haras, administrateur des Chemins de fer du Midi, et surtout passionné de la culture du vin (il possédait, entre autres, Château Dauzac, Château Ducru-Beaucaillou, des châteaux qui n'étaient pas de sable), Nathaniel

Johnston m'avait tendu, à notre installation dans la rue qui portait son nom, un indice vers Bordeaux, vers son histoire et vers celle d'Arcachon, puisqu'il était aussi le fondateur des Pêcheries de l'Océan, ce qui menait à ma nouvelle plage : au bout de la rue George-V, devant le bâtiment des pêcheries. Mais de tout cela personne ne me dit un mot. Mes parents font imprimer *14, rue Nathaniel-Johnston* sur leur carte de visite et ne se posent pas de question sur ce nom. Passer de la ville d'Été à la ville d'Automne va influer sur le moral de ma mère, mais ça ne modifie en rien leur commune indifférence à l'endroit qu'ils habitent. Tous les deux, quoique sur des modes divers, n'en veulent rien savoir. Ils ne lisent pas le journal local, ne se lient pas avec des familles d'Arcachon, ne s'informent pas de ce qui les entoure – et bien sûr parlent sans accent. Je m'abstiens de les interroger sur quoi que ce soit, et surtout pas touchant à la ville dont la minutieuse exploration doublée des ressources de l'affabulation a le goût même de ma vie. *Pourquoi* ne fait pas partie de mon vocabulaire. Il m'arrive de me tourmenter pour eux. Et s'ils n'étaient pas plus malins que les touristes calamiteux, s'ils se retrouvaient eux aussi, bien qu'Arcachonnais d'adoption, condamnés à errer entre bruyère et fondrière, à marcher, marcher, marcher indéfiniment sur le sable gris de « l'allée sans nom » ?

La Grande Poupée

Il n'y a pas de magasins d'alimentation dans le quartier, ni aucun autre magasin. Ma mère n'a pas envie de se déplacer. Faire les courses lui pèse. Elle n'y voit pas source de distraction. Son père, d'un coup de vélo, lui apporte parfois les repas (cuisinés par sa mère), ou des paniers d'aliments pris au marché. Elle pourrait acheter des poissons d'un vendeur ambulant qui parcourt les rues en criant « Les royans, les beaux royans du Bassin ! » ; mais après, les sardines, il faut les faire cuire ! Passe aussi une marchande de légumes à la charrette peinte en vert. Ma mère reste insensible à ce pittoresque.

Ses certitudes se fissurent. Il lui semble rien moins que certain, en dépit de ce qu'on lui a promis à son arrivée, qu'habiter Arcachon, c'est s'embarquer pour une suite illimitée de beaux jours. J'essaie de la convaincre qu'elle ne doit pas douter, les gens avaient raison. On ne lui a pas menti. Regarde, maman, tous les papillons jaunes dans le jardin, les papillons citron ! L'hiver est fini ! On a tout juste le temps de ranger ses maillots de bain qu'il faut déjà les sortir du tiroir aux habits d'été !

Dans ma chambre, j'ai posé mon chapeau de paille sur la tête de la Grande Poupée, l'Ancêtre de toutes mes poupées, la beauté de porcelaine aux yeux roux. Il la recouvre, telle une cloche, jusqu'au menton. La Grande Poupée s'associe fort aux prières de ma mère pour que revienne au plus vite le soleil d'été. Non pour le soleil, mais pour être enfin débarrassée de ce chapeau. Il l'aveugle et aplatit sa chevelure, ses boucles brunes, ses « anglaises » qui s'épandent en spirales sur son chemisier de dentelle couleur ivoire. La Grande Poupée – faut-il le mentionner, car c'est aussi aberrant que de l'imaginer sur un pédalo – n'a *aucune* envie d'aller à la plage. La seule pensée du sable qui pourrait se glisser dans ses articulations la fait s'évanouir. La Grande Poupée se montre plus cohérente que nombre de personnes qui m'environnent. Elles veulent la plage sans le sable, la mer sans le sel, l'Océan sans les vagues. Alors qu'on ne peut que vouloir *tout*.

La Grande Poupée est une créature de l'ombre. Par elle, comme par le nom de Nathaniel Johnston, je suis reliée sans le savoir au XIXe siècle. La présence de la Grande Poupée dans ma chambre à coucher me rattache à cette époque. Car avant d'être l'ancêtre de mes poupées, elle l'a été des poupées de ma mère (laquelle, lorsqu'elle ne les maltraitait pas, les oubliait dans un coin de sa chambre, sur une marche de l'escalier de l'Orangerie ou au bord de la pièce d'eau des Suisses), des poupées de ma grand-mère Eugénie, et des poupées de mon arrière-grand-mère Zélie. C'est dire que la Poupée au teint blanc de porcelaine, aux lèvres entrouvertes sur des petites dents pointues, aux yeux qui se ferment tout seuls dès qu'elle s'allonge, n'a pas de maillot de bain dans son trousseau. Un maillot de bain, quelle incongruité ! Même la jeune veuve de vingt-six ans, Marie-Caroline de Naples, duchesse de Berry, dont le bain du 3 août 1824 à Dieppe fut un événement historique (à la seconde où, tenant la main de monsieur l'Inspecteur des Bains, elle prend, à la marée montante, son premier *bain à la lame*, la ville fait sonner le canon !), n'avait pas de maillot de bain. Elle était habillée d'un paletot et d'une longue robe de lainage, portait sur la tête une toque à brides en toile festonnée et aux pieds des bottes contre les crabes.

La Grande Poupée, l'Ancêtre de toutes les poupées, possède des culottes de soie et des chemises assorties, des socquettes blanches, et quatre ensembles : un en lin blanc pour l'été, un en velours rouge pour l'arrière-saison, un pour le printemps en taffetas à rayures vertes ; sous mon chapeau de paille, qui l'empêche de voir et de bien respirer, elle est habillée de sa jupe d'hiver, couleur brune, et d'un chemisier avec un col officier et des manches longues. Boutonner les petits boutons du chemisier m'est une occupation délicieuse. Boutonner un à un les boutons de nacre du chemisier d'hiver de la Grande Poupée me fait le même type de plaisir que cueillir des mûres.

Je connais une petite fille, Marie, dont la mère est couturière. Le trousseau de sa poupée, Clara, reproduit exactement sa garde-robe. Quand Marie vient à la plage elle commence par installer Clara sur un carré de serviette de la même couleur que la sienne et de la dimension d'un gant de toilette. Elle se met sur sa serviette, tout aussi tranquille que Clara sur son morceau de tissu éponge. Marie ne veut pas courir, ni jouer au ballon, ni nager. Elle ne veut pas quitter Clara. Marie et Clara restent ainsi, côte à côte, habillées à l'identique et pareillement sages. Le même sourire sur les lèvres.

Un jour, je lui ai demandé si, dans le trousseau de Clara, sa mère avait mis un maillot de bain. Elle m'a répondu sur un ton d'évidence que non, la poupée n'avait pas de maillot. C'est pourquoi, elle, Marie, n'allait pas à l'eau. Mais sa mère lui avait promis pour sa première communion une exacte réplique en miniature de la robe blanche.

Marie fait attention à ne pas exposer Clara au soleil. Elle est élevée dans le culte du teint pâle. Cela me laisse rêveuse car l'ombre, l'amour de l'ombre, la beauté de la pâleur sont des valeurs ignorées à la maison. Non pas au profit des valeurs opposées, mais en l'absence de tout système. Ma mère ne respectant pas davantage les règlements que les traditions et les valeurs dont elles sont les supports. Chez nous, les choses peuvent se répéter à l'identique, elles ne forment pas une continuité, elles ne constituent pas une ligne de conduite par quoi se rattacher à un passé ni à un projet. Elles n'entrent pas dans un enseignement. Chaque jour, les gestes, les décisions s'arrachent d'une zone vierge. Et ce n'est pas seulement parce qu'elle ne supporte pas les groupes, est réfractaire aux équipes, abomine la compétition, que ma mère a renoncé, au moins activement, à devenir championne de natation. C'est aussi par défaut d'esprit de suite. L'effort l'a excitée pendant une phase, dans le temps infiniment ouvert de la jeunesse. Quitter la maison de ses parents, c'était renoncer à cet infini, quand le monde est devant vous, brillant de tous les possibles. La maison du 14, rue Nathaniel-Johnston referme les possibles, ne laisse subsister qu'une voie : celle d'épouse et de femme au foyer. Ça n'a rien d'attirant à ses yeux mais au lieu de s'aménager des échappatoires, de ruser avec la situation, elle a cette rigueur ou cet entêtement des boudeurs qui consistent à peaufiner dans le sens du pire. Elle va se vouloir rien d'autre qu'une femme d'intérieur.

Elle est assise (un peu de guingois, n'occupant que l'extrémité de la chaise, comme quelqu'un sur le point de partir – de même qu'elle ne s'allonge jamais sur la plage et ne s'y assoit qu'en passant) à la table du jardin, une pile de légumes devant elle. Elle porte un maillot deux-pièces à fleurs jaunes et un chapeau de toile. Je suis à côté, un livre sur mes genoux. « Tu peux te représenter une vie plus nulle ? », me dit-elle en sanglotant sur les oignons qu'elle est en train de peler.

Jackie efface tout horizon sportif. Elle cesse de faire de la bicyclette, du ping-pong, du tennis, du ski. Elle fait silence sur le tandem enfourché avec cet adolescent devenu son mari selon un enchaînement de circonstances qui lui échappe. Pédaler ensemble dans la même direction n'est plus de mise. Elle ne fera plus aucun sport, sauf *nager* qu'elle va pratiquer en tant que rite solitaire, conduite de survie, manifeste de style. Nous partons ensemble à la plage. Elle se déshabille avec sa rapidité habituelle, va à la mer, la tâte du bout des pieds. Nous sommes au mois de juin. L'eau est encore un peu froide, juste comme elle la préfère. Elle se retourne vers moi, l'air heureux.

De même que Colette écrit de Sido, sa mère, qu'elle a deux visages : son visage de maison, triste, et son visage de jardin, radieux, ma mère a deux visages : son visage de maison, obscur, et son visage de natation, lumineux.

Maillots de bain

Avec mes maillots de bain, je n'ai que de bons rapports. Je n'affirmerai pas cela à propos de tous mes vêtements ; avec les jupes en particulier, ce n'est pas toujours drôle. Elles sont trop larges à la taille, ou trop longues. Ou bien, j'ai grandi et elles sont ridiculement courtes. De toute manière elles gênent. Pour ne rien dire des habits d'hiver, écharpes, gilets, pull-overs, bonnets, qui grattent et vous étouffent. Habits inutiles, hostiles (je redoute que le passage dans la ville d'Automne favorise les habits d'hiver). Mais le maillot de bain appartient-il à la catégorie des vêtements ? C'est une question. D'ailleurs, il y a une époque, au moins quelques étés, où aller avec ou sans maillot est équivalent. Et, même plus tard, à l'âge d'une supposée naissante pudeur, il est extrêmement plaisant après le bain d'aller, nue, rincer son maillot au bord de l'eau pour le débarrasser du sable, de le regarder flotter puis couler, et puis de s'avancer un peu plus loin dans l'eau, de le tenir entre deux doigts et de se promener avec lui. Ainsi, alors qu'en apparence le bain est fini, que je suis en effet sortie de l'eau, par le prétexte du rinçage de maillot j'y retourne. Dieu seul sait combien de temps peut durer l'opération !

Et, chez moi, il sera agréable d'étendre mon maillot pour qu'il sèche. Dans le jardin derrière la maison, dans le parfum du figuier.

Rien que de prononcer ou d'entendre prononcer le mot de *bikini* et je me pâme. Ma mère est la reine du bonnet de bain ; je suis née pour le bikini.

Mes maillots de bain collent exactement à mon corps. Ils ne me créent aucune entrave. J'ai pour certains une préférence passionnée : comme pour ce bikini en coton, à rayures roses et blanches, avec un petit volant cousu devant en triangle.

Il tient serré dans ma main, pas plus grand qu'un mouchoir.

Mais plus que tout, et en secret, j'adore le tracé du maillot absent que fait, à la fin de l'été, la blancheur de mes fesses, son contraste éclatant avec la peau brune.

La fêlure du crawl

Ma mère est née le 16 septembre 1919, au lendemain de la Première Guerre mondiale. Très exactement trois mois après la signature du traité de Versailles (28 juin 1919, dans la galerie des Glaces, tout près donc de leur appartement de la rue Sainte-Adélaïde). Mais je pourrais dire aussi, à m'en remettre non plus à une épopée des Nations mais à celle de la Natation et, à en croire ce flamboyant éloge par Paul Morand, qu'elle est née avec le triomphe du crawl. Ainsi, dans sa fanatique et exclusive dévotion à cette nage, elle explore inlassablement les ressources physiques de ce style, mais elle va, en plus, dans le sens d'une des plus brillantes inventions sportives de sa génération. « Après 1918, écrit dans *Bains de mer* le nageur intrépide qu'était Morand, le *crawl* commença à triompher ; son règne dure encore. Il me fallut longtemps pour réussir le battement des pieds et la cadence de ce merveilleux ramper qui nous venait des îles Hawaï, avant de s'affirmer aux jeux Olympiques [...] Le *crawl* restera pour longtemps, sinon pour toujours, la plus belle des nages. [...] Le *crawl*, c'est non seulement la nage la plus rapide, mais c'est celle où le corps humain atteint à la plus grande beauté, la beauté reptilienne. Comme pour le galop et pour le slalom, cet harmonieux balancement part des hanches ; les bras et les jambes ne font qu'obéir à l'impulsion hélicoïdale donnée par la ceinture, mouvement qui va se développant et s'amplifiant jusqu'aux extrémités ; la tête rentre dans l'horizontale, dominée par les épaules noueuses, luisantes, bosselées chez les champions de muscles admirables. Contrairement au plongeon, qui est de la nage en plein ciel, le *crawl* s'identifie à l'eau, rampe sur le toit liquide, tandis que le nageur, aigu comme la mèche d'une vrille, ne laisse guère apparaître que ses talons et que l'angle ouvert de ses coudes. »

L'écrivain s'extasie sur le nageur de crawl, non sur *la nageuse*. Il faut dire que la nageuse (de n'importe quelle nage) est un phénomène neuf et d'exception dans une histoire de l'humanité qui revient pour les femmes à une histoire de leur immobilisation, de leur identification imposée et plus ou moins assumée à des êtres de pudeur et de faiblesse, des créatures maladives qui ne peuvent que demeurer sur le rivage, empaquetées de jupons, de robes et de châles, protégées du vent et du soleil. Cela, lorsqu'il leur est permis de sortir de chez elles, de s'approcher de l'eau. Autorisation qu'elles doivent à l'obligation d'accompagner les enfants. Les femmes restent assises entre elles, le corps couvert de bout en bout, les yeux fixés sur leur progéniture. Quant à se dévêtir et entrer dans l'eau, se tremper en entier, se mettre à nager et se diriger droit vers l'horizon, comblée de la douceur qui submerge, oublieuse de tout ce qui précède : pareille conquête se joue à l'échelle des siècles. Elle est loin d'être achevée.

Paul Morand reconnaît n'être jamais arrivé à bien nager le crawl. Il réussit les battements des pieds, les mouvements des bras ; il échoue dans la respiration. Il a beau s'entraîner, face immergée dans une bassine, bouche tordue et luette fermée ; ça ne marche pas ! Moi non plus, je n'y suis jamais parvenue, quelques mètres, et je suis à bout de souffle ! J'entends la voix de ma mère, debout dans l'eau, qui m'exhorte à trouver le bon rythme respiratoire. Je fais n'importe quoi, je bats l'eau dans tous les sens, je bois la tasse, les yeux me brûlent. Je déteste qu'elle veuille m'apprendre le crawl. Et cette eau avec laquelle j'ai l'habitude de me fondre en une unité parfaite me devient un élément extérieur, presque étranger. Ma mère n'a aucune pulsion éducatrice sauf pour le crawl. Là, elle se montre acharnée. Comme certains parents pour vous obliger à vous nourrir, ou à faire vos devoirs de vacances. Mais sa volonté se heurte à ma force de résistance, agit sur elle en révélateur. Maintenant les journées de plage débutent par une leçon de crawl. Je préfère me laisser couler. Ma mère s'éloigne, ou bien moi. Elle persiste en son « merveilleux ramper » aquatique, je m'obstine en mon barbotage. Elle s'efforce de m'inculquer une cadence, une direction. Elle me traite comme si je ne savais pas nager, alors que pour moi – et c'est une de mes convictions fondamentales – *je sais nager*, j'ai toujours su nager. Se rouler dans les vagues, c'est nager. Non, dit-elle. Et elle ajoute : « Fais le petit chien, si ça t'amuse. Tout le monde se moquera de toi, c'est

75

ton affaire. Je n'ai pas de patience. Ça m'énerve, la patience. »

Elle coiffe son bonnet de bain à fleurs de marguerites, son bonnet-marguerite pour lequel j'ai une tendresse, rentre les mèches qui dépassent et, de son léger battement de pieds infatigable, avec sa grâce de danseuse, entame son sillage. Je la regarde partir. Je reste assise à demi baignée, à demi dans le soleil, dans la marge insituable où l'eau et la plage se mêlent. Je vais pleurer. Tout doucement, juste pour moi. Mais c'est l'instant où une vague plus forte me fait basculer, l'eau n'est plus qu'écume. Je m'ébats dans une infinité d'arcs-en-ciel.

Au retour, comme à chaque fois transfigurée par la nage, elle est calme et souriante. Elle me tend son bonnet-marguerite, comme un bouquet. Je joue avec leur relief, fais bouger leurs pétales qui ne s'arrachent pas. Et c'est à cause de ce bonnet, de ma passion pour la fleur qui le décore, qu'elle me dit, un matin, son second prénom : Marguerite.

Avec la versatilité dont elle est douée, Jackie-Marguerite ne me garde pas rancune de la leçon ratée. Elle ne m'en veut pas du crawl refusé. Un peu quand même et c'est pourquoi elle recommencera à s'efforcer de m'inculquer « le merveilleux ramper », à me transmettre « la beauté reptilienne ».

Pour l'instant, sereine et détendue, elle me regarde enchaîner des galipettes sur le sable de midi. Quand je me relève, titubante, en vertige, les cheveux pleins de sable, elle me demande : « Elle te plaît cette plage ? »

Flotter

Qu'il s'agisse du crawl ou d'une autre nage, je n'ai pas besoin d'apprendre, parce que *je sais nager*. Ça ne s'explique pas, c'est ainsi. Il m'a suffi, un beau jour, après m'être amusée dans l'eau des mares et des baïnes, de franchir quelques bancs de sable et de rejoindre le Bassin proprement dit, la mer, de m'allonger dans ses vaguelettes, puis, *tout simplement*, de me laisser porter... De minces tiges de varech flottent autour de moi. Elles ne sont pas brunes et ramassées comme les franges de varech séché qui s'échelonnent sur la plage ou s'amassent en des tas qui ressemblent à des chignons, mais vert tendre et brillantes, fines, isolées, brins d'herbe à la dérive. Sous leur ondulation des petits crabes vont et viennent. Quand je m'arrête de nager et me promène dans l'eau, ils me chatouillent les doigts de pied.

Ma mère fait sa distance d'une jetée à l'autre. Je vagabonde entre les bateaux. M'accroche à une bouée. Il est impossible de définir mon trajet, encore moins d'établir ma vitesse. Impossible de poser un chiffre sur mes « performances ». Ma mère juge ma façon de nager incohérente. Sportivement indéfendable. Au fond, elle n'y croit pas.

Pendant ce dernier été où nous habitions la maison de mes grands-parents, j'ai pour camarade favori un petit garçon de Paris qui lui non plus, selon les critères en vigueur, ne sait pas nager. Il fait comme si, se moque sa famille. Tous les deux, nous marchons-flottons de concert, très satisfaits ; et soudain, il dérive, je croise son regard de désespoir tandis qu'un courant l'entraîne. Il ne crie pas. Je hurle à sa place. Son père accourt et le sauve juste à temps. À moitié noyé, vigoureusement frictionné, il reprend de sa vitalité et je l'entends qui murmure, frimeur malgré sa peur : « C'était super, tu as vu comme j'ai nagé loin ! »

Il existe un marcher-flotter, comme, à l'opéra, un *Sprechgesang*, un parler-chanter. Mais cela suppose pour l'apprécier un sens affiné, je dirais même infinitésimal, de la nuance.

Nager m'est venu en jouant. Comme les tortues je suis passée sans effort du bain de soleil au bain de mer, me contentant seulement de tendre plus haut le cou. Je n'ai pas ressenti l'événement d'un saut à un autre niveau, mais une apesanteur de plus en plus sûre, une confiance totale accordée à l'eau, une confiance indissociable d'un sentiment d'amour. Lorsque j'entends mes parents dire de moi : « C'est fou comme cette petite aime l'eau ! », *aimer* résonne au sens fort à mes oreilles et en mon cœur. J'aime l'eau d'amour. Et dans l'expression « l'eau est bonne », je perçois une température mais aussi une qualité morale.

Le Bassin m'est bonté.

Je m'immobilise, sur le dos, bras étendus. Je fais la planche, yeux ouverts sur le ciel. Je me repose sur l'eau, comme on s'allonge sur une barque.

La plage de la pêcherie

Oui, elle me plaît la nouvelle plage. Elle s'étend entre la jetée d'Eyrac et la pointe de l'Aiguillon avec le port. Selon les jours nous nous posons davantage vers la jetée ou davantage vers l'Aiguillon. Le plus souvent, nous choisissons un emplacement approximativement au milieu, au niveau de la pêcherie. D'ailleurs, pour moi elle s'appelle « plage de la pêcherie ». Elle est bordée de villas qui, à marée haute, vues de la mer, ont l'air de flotter (c'est toute la ville qui me fait cet effet lorsque, venant du cap Ferret, je m'en rapproche en bateau). Plus loin en allant vers le port, les villas font place aux bâtiments de la pêcherie, à des ateliers de construction de bateaux, de réparation et d'entretien de pinasses et chalutiers, de fabrication de filets.

Le mot de *pêcherie*, le lieu – avec ses étals luisants de mules, dorades, maigres, congres, grondins, grisets, turbots, raies, baudroies, loubines, anguilles… – m'enchantent. Ils brillent de gris argent, de bleu, de brun-or, parfois rehaussés de touches orangées, de pois rouges, de stries jaunes. Ces poissons, couchés sur la glace, portent au grand jour un peu des fonds marins du Bassin ou de la violence de l'Océan. Mais leurs yeux morts désormais ouverts sur rien protègent leur mystère. La nouvelle plage me branche sur un univers différent et un autre rapport à la mer : le monde des marins, le savoir des pêcheurs, le risque des tempêtes. Elle donne profondeur et vastitude à l'Océan. Elle ébranle les limites raisonnables.

La plage de la jetée Thiers, celle que je fréquentais au tout début, la plage de ma coque de Noé, était une plage pour estivants. Elle s'associait dans mon esprit à la musique du kiosque, aux marchands de glaces et de gaufres, au manège, aux messieurs et aux dames qui marchent lentement, se reposent sur un banc, restent des heures à contempler la mer, le va-et-vient des pinasses, les apparitions et disparitions de l'île aux Oiseaux. Une plage de civilité. Des gens comme moi et mes petits compagnons de bord de l'eau. Des oisifs rendus au temps fluide de l'enfance – la frénésie en moins.

Les estivants ne forment jamais foule sur la plage de la pêcherie, les parasols sont plus rares. Les enfants se réunissent en bandes compactes et durables. Ils jouent ensemble par tous les temps, sans respect particulier pour les portions de vacances. La nouvelle plage est immense, et nous courons, courons, courons. C'est notre jeu à marée basse. Nous courons, toutes nos forces concentrées, coudes serrés, nos talons frappent net contre le sable dur. Les grandes personnes nous regardent passer. Mais où courent-ils ? se demandent certaines, et elles replongent dans leurs mots croisés. Nous courons. Nous sommes des chevaux au galop, des esclaves échappés des plantations, des bagnards en cavale. L'espace est grand ouvert devant nous. Nous courons. Nos pieds tapant contre une mince surface d'eau la font jaillir en étincelles.

Rien ni personne ne nous dépasse, sauf l'ombre des nuages qui court sur le sol.

En réalité, je ne déménage pas vraiment. Ni de maison, ni de plage. Je reviens régulièrement avenue Régnault et sur la plage de la jetée Thiers. La nouvelle maison et la nouvelle plage n'excluent pas les précédentes. De même que Saint-Ferdinand, l'église de la ville d'Automne, au cœur du quartier ancien du port, coexiste avec la basilique Notre-Dame, que prolonge la jetée des Marins.

Entrer dans l'eau

Nous, les enfants, nous entrons dans l'eau en riant. Nous nous éclaboussons, nous nous faisons tomber. Entrer dans l'eau n'est pas un geste décisif pour nous. L'eau n'a pas de seuil. Les grandes personnes prennent la chose tout autrement. Il suffit d'observer leurs hésitations, leurs temps d'arrêt, leurs manies : se passer de l'eau sur la nuque, faire des ronds avec leurs mains, comme si elles cherchaient à cerner leur degré de frilosité, ou bien à s'interdire par ces cercles répétés de retourner sur la rive. La plupart entrent dans la mer millimètre par millimètre, avec de plus en plus de lenteur au fur et à mesure que l'eau gagne leurs zones délicates. Frilosité des grandes personnes. Leur envoyer quelques gouttes à ce moment-là révèle leur nature hystérique. Elles s'énervent, elles hurlent – et cela devant tout le monde.

C'est toute une histoire pour les adultes, surtout pour les femmes, d'entrer dans l'eau (certaines passent plus de temps à y entrer qu'à se baigner). Elles pourraient rétorquer que la difficulté avec nous, les enfants, est que nous sortions de l'eau. En réalité, ça n'a rien à voir. Nous faisons traîner, nous supplions – encore cinq minutes, trois minutes, une minute ! – mais c'est pour faire durer le plaisir. À force d'appels répétés de la part des parents, de supplications inutiles de notre part, nous finissons par nous y résoudre. Quelquefois nous avons tant tardé que nous tremblons et claquons des dents. Nous avons le bout des doigts fripé. Et malgré frictions, maillot sec, chemise et pull-over, rien ne nous réchauffe. Peu importe. Si c'était possible, nous retournerions à l'eau, grelottants et refroidis comme nous sommes et nous reprendrions nos jeux.

Les parents viendraient nous repêcher tout bleus, et ceux qui auraient encore la force de s'exprimer balbutieraient que *non*, ils ne veulent pas sortir de l'eau. Que surtout on ne les bassine plus avec cette promesse supposée calmer notre fanatisme de l'eau, surtout qu'ils n'entendent plus cette fadaise : *Vous reviendrez demain.*

Demain n'existe pas.

Enfants bleus de froid, nous voulons la morsure cruelle du présent.

Ma mère n'entre pas dans l'eau comme les coquettes qui ont peur de mouiller leur indéfrisable ni comme les mijaurées qui poussent des petits cris et jouent les intéressantes. (« Allez courage, madame ! Dès qu'on nage, elle est bonne. ») Elle s'avance jusqu'à la hauteur de la taille, marque un léger arrêt, se lance. À la fin, mêmes rectitude et économie de gestes. Elle se renverse pour quelques mètres de dos crawlé et regagne la plage. En fait, il est rare que je voie ma mère sortir de l'eau. Je la découvre, une fois qu'elle a parcouru la distance qu'elle s'était fixée, revenant à pied le long de la mer. Elle a un air de satisfaction, de repos (alors qu'elle vient de produire un réel effort physique). Elle marche vers moi, vers ma serviette de bain étalée, mon sac où le vent fait entrer du sable, mon épuisette. Je suis couchée sur le ventre, engourdie de bien-être et de chaleur. Ma mère se met en vigie sur sa serviette, toujours très petite (elle ne prend de serviettes que pour s'asseoir, le drap de bain lui est étranger). Son visage, son corps ont quelque chose de rayonnant. Elle regarde en direction de la mer. Ma mère ne se repose pas, ne se pose sur rien – sauf sur la mer.

Pour elle, entrer dans l'eau est un acte silencieux. Elle méprise les hurleurs qui s'élancent de loin, commencent par courir sur le sable puis accélèrent jusqu'à se précipiter en un plongeon vociférant. Ces « brutes » forcent l'eau. Ils la provoquent, telle une rivale, ou plutôt *un* rival. Des chiens fous ! Des *m'as-tu-vu* ! Les mêmes adorent, à deux, prendre une fille par les bras et par les pieds, la traîner jusqu'à l'eau et la balancer.

Ma mère ne leur accorde pas un regard.

À la maison, mon père s'est aménagé une partie du garage en atelier. Ça lui permet de s'isoler. Il en profite amplement. Il passe aussi un maximum de temps sur son bateau. Ainsi, je ne le vois jamais sur la plage avec nous. Il s'arrête pour nous saluer en passant avant d'appareiller. Je ne le vois jamais non plus entrer dans l'eau. Il plonge du bateau. Il se laisse glisser à l'arrière. On entend le son étouffé d'une chute.

La famille Leçon

Il n'y a pas que les algues et les coquillages à me figer en contemplations. L'humanité aussi présente des spécimens passionnants. Je les regarde pareil que les autres mystères de la plage, avec la même attention. J'aimerais pouvoir les prendre dans ma main, les manipuler comme mon théâtre de Guignol, mais s'agissant d'êtres humains, et non d'algues ou de coquillages, j'ai appris à mettre une certaine discrétion dans mon comportement. Ils ne se sentent pas vus et, de mon côté, mes observations en souffrent finalement assez peu.

La famille Leçon habite une villa blanche aux volets blancs écaillés. Une de ces villas anciennes avec une véranda, une tourelle et un grand jardin. Une villa sur l'eau. Tourelle et véranda me font très envie, pas autant pourtant que l'escalier de pierre qui donne sur la plage et, à marée haute, tombe dans la mer, de sorte que les enfants de la famille Leçon pourraient en descendant marche à marche leur merveilleux escalier entrer doucement dans l'eau. S'ils en avaient l'autorisation. Or, dans la famille Leçon, les autorisations sont rares. Ils sont cinq enfants, tous assez vilains, comme les parents. Ce n'est donc pas la beauté qui, chez eux, m'attire. Mais quelque chose d'autre, quelque chose d'étranger chez moi où les sautes d'humeur de ma mère créent un climat instable, où, à tout moment, des renversements de situation, des changements de projet sont possibles. Les Leçon sont d'un esprit de sérieux carabiné. Ils font tout *comme il faut.*

J'adore les regarder prendre le petit déjeuner dans leur jardin en terrasse : Ils sont déjà nets et bien repassés. Ensuite, viennent les devoirs de vacances, puis, en fin de matinée, le bain comme récompense. L'enfant puni en est privé. Il peut avoir à subir, en plus, une *explication.* C'est la partie qui me plaît le plus : les deux personnages, mère et enfant, vont et viennent le long de l'eau. Habillés bien sûr (pantalon retroussé, jupe relevée au-dessus des genoux). La mère débite sa mélopée morale. L'enfant écoute, tête baissée. Ça peut durer très longtemps, je barbote dans l'eau, je saisis des mots au vol ; j'entends : *méchant, responsabilité, avenir, tes frères et sœurs, rentrée...* Je plonge la tête sous l'eau, émerge, un mot affreux vient de frapper l'enfant puni : *pensionnat.* Le mot de *père* est rarement prononcé. Dans l'ensemble, le père Leçon intervient peu. Il fume sa pipe, assis dans un fauteuil en osier. Il a un livre ou un journal à la main. Il émane de lui un ennui distingué. Et, si nécessaire, une infatigable faculté à répondre *Non* aux diverses sollicitations de ses enfants. De sorte que le conseil maternel *Demande à ton père* doit s'entendre comme un *non* encore informulé. C'est au père qu'il revient d'articuler le refus. Il l'assène sur un ton neutre, sans états d'âme. Il ne déroge pas pour autant à la sphère supérieure où il se morfond. L'épouse est plus terre à terre. Peut-être à cause de ses jambes épaisses et courtes.

Mais même lorsque l'humeur est au beau temps et que la famille se détend – on joue au croquet, on rit d'une bévue du petit dernier, on lit à haute voix un conte pour enfants –, les parents ne cessent de parler en parents, toujours un ton trop haut. Est-ce pour rendre plus accusatrice la question : « As-tu entendu ce que je te dis ? », ou bien parce qu'il y a une surdité congénitale dans cette famille ? Les enfants de la famille Leçon naîtraient avec les portugaises ensablées ? Ce n'est pas grave, puisque par tradition comme par vocation la famille Leçon ne craint pas la répétition.

Le mère Leçon a une détestable habitude : elle donne un ordre et ajoute « Attention ! Je compte jusqu'à trois ». Elle compte bien distinctement le délai accordé pour l'exécution. Elle articule : Un, deux, trois… Si à trois l'enfant n'a pas obéi, c'est la gifle.

La famille Leçon, et cela n'a rien de surprenant, a des accointances avec la famille Chiffre.

Il y a d'autres villas à côté de celle occupée par la famille Leçon. Elles ont en commun d'avoir été bâties face à la mer, de posséder un grand jardin, d'être mortes l'hiver et de se ranimer l'été – de cette vie de famille si réglée, de ce bruit à plusieurs qui passe, quasi inchangé, de génération en génération, en même temps que l'héritage de la villa. Elles vont constituer mon premier théâtre – un spectacle de la vie adulte, une représentation de familles en ordre –, et, sans que j'en sois alors consciente, la distance d'où je les observe m'empêchera plus tard de passer de leur côté, comme s'il subsistait toujours entre eux et moi une bande de sable inconstructible.

Au jeu des 7 familles, je demande, en échange de n'importe quel Chiffre ou Leçon, la mère Lunatique, le grand-père Cheminot, le père Silence. Je demande ce que je possède.

Métamorphoses

J'ai pu me demander si ça valait la peine d'apprendre à marcher, puisque ramper ou marcher à quatre pattes était tout aussi efficace et plus drôle. M'étant finalement décidée pour le passage à la station verticale, j'ai eu tout lieu de m'en féliciter, d'autant que, parmi ses nombreux avantages, il comprend celui de n'avoir pas à renoncer aux paysages au ras du sable, aux merveilles de l'infime, à la juste proximité qui nous laisse béats face à « la flèche purpurine et crénelée de quelque coquillage fuselé en tourelle et glacé d'émail » (Proust). C'est ainsi qu'à mes yeux, et à jamais, les trésors de la mer résistent aux exploits des bâtisseurs de cathédrales.

Quelques années plus tard (combien ? je n'en sais rien), j'ai de sérieux doutes sur l'utilité d'apprendre à compter. Pourquoi irais-je m'infliger cette corvée quand, Félix ne cesse de me le répéter, habiter sur le Bassin, c'est habiter un monde impossible à mesurer (la famille Chiffre est décidément malvenue dans ce pays !). Les fonds sont infixables. Ils échappent à une localisation prévisible, ne se laissent pas assigner sur une carte. Pendant longtemps, paraît-il, l'anse d'Arcachon, seule rupture dans la ligne continue de la côte de Gascogne, était pour les marins très risquée à atteindre. Il leur fallait franchir les passes sans s'échouer sur un banc de sable. Il leur fallait naviguer de façon que ne se fasse pas entendre, dans un silence de terreur plus fort que le fracas des lames, le craquement de la coque contre le fond. « La mer sent le fond », disaient alors les marins, dont aucun ne savait nager. Le navire prenait l'eau. Ils suppliaient la Vierge des Naufrages qu'elle leur porte secours. Ils se noyaient avec sur les lèvres une ultime prière à Marie, à leur mère...

Les bancs de sable sont insituables. Le pourtour même du Bassin, à l'image de la bordure vivante du manteau de l'huître, est changeant. J'habite, je grandis dans un univers mouvant. Tout bouge, dans et sur le Bassin. Le sable alluvion venu de la mer côté plage, le sable vif des dunes côté terre.

Sur la plage, le trajet vers l'eau ne se répète jamais pareil. Je zigzague entre les parasols, les flaques, les barques. Je m'extasie devant les couleurs mauves d'une coquille ramassée dans l'eau. Le temps qu'elle sèche elle a perdu toute brillance et changé de couleur.

Le trajet vers l'eau varie selon les marées, mais aussi selon les humeurs, les curiosités, les points de fascination, choses et gens. Certains restent constants. Par exemple, les os de seiche, leur blancheur, leur légèreté, leur forme entre ovale et ogive. Ils font penser à une sorte de meringue plate et salée. Car tout ce qui se ramasse sur la plage est salé et il est toujours bon de le vérifier d'un petit coup de langue. De même, tout ce qui s'extrait de l'eau, y compris mon corps après le bain.

Encore mouillée, je m'embrasse le haut du bras pour boire mon sel.

Le trajet de retour de l'eau, lui aussi, participe de l'état en perpétuelle fluctuation du monde qui m'entoure.

Je ne grandis pas : je change.

Lucile

Les enfants des familles bien agencées pour durer et prospérer restent entre eux. On ne leur permet pas de jouer avec des étrangers. La plage, comme la rue, est un lieu public et, par conséquent, hors contrôle. D'ailleurs, quoique d'un tempérament sociable, je n'aurais pas envie d'aborder une petite Leçon ni d'emprunter son ballon à un enfant Chiffre. Je ne suis pas en demande de compagnie. Je ne l'ai jamais été. En des temps archaïques, parce que je me suffisais à moi-même (autrement dit, j'étais toujours accompagnée de plusieurs de mes poupées) ; plus tard, parce que la plage rend les rencontres faciles. On partage un monde friable. On joue ensemble une heure, une matinée, tout un été… On ne se pose pas de questions. Si un enfant est appelé par ses parents, s'il nous annonce tout triste que c'est fini, que c'est son dernier jour de vacances, nous sommes tristes avec lui, nous nous interrompons un moment, l'élan n'y est plus. Mais à peine est-il parti qu'il nous arrive de nouveaux compagnons. Alors nous reprenons avec la même ardeur. Nous continuons de bâtir des châteaux pour les voir s'effondrer, de creuser des trous, d'ensevelir sous nos pelletées une victime plus ou moins consentante. Elle semble docile au début, mais soudain elle s'extrait de son tombeau, bondit. Elle est couverte de sable, on dirait de cendres, elle court se plonger dans la mer… Mes camarades de plage sont remplaçables. Une nouvelle victime se trouve toujours, surtout qu'entre nous les renversements de victimes à bourreaux sont rapides.

Le jour où je rencontre Lucile est jour de grand vent. Il imprime sur le charivari des vagues un friselis et trouve moyen d'agiter la surface des baïnes, ces petits lacs que prolonge un courant qui se dirige vers la mer, ces baignades à la taille des enfants. Ma mère déteste le vent. Il n'est pas encore devenu l'ennemi absolu qu'il sera dans quelques années mais il n'est plus la brise des premiers étés, ni le souffle vif encore qu'indéchiffrable du temps où elle me promenait le long du boulevard de la Plage et, courbée pour avancer, s'amusait à déjouer ses attaques. Aujourd'hui, pour sûr, il n'est pas pour elle un partenaire de jeu. Elle considère avec animosité l'eau dans laquelle, à cause de lui, ce sacré vent, elle n'ira pas nager. Elle essaie de tricoter. Le vent lui envoie du sable dans les yeux. S'il n'y avait pas de vent, elle pourrait tricoter tranquille, mais comme elle déteste également le tricot, je ne vois pas ce qu'elle y gagnerait. Elle s'est noué un foulard sur les cheveux et veut faire pareil pour moi. Je me débats : Ça m'amuse que mes cheveux s'agitent sur mon crâne comme herbes sèches sur les dunes. Ma mère revient à son ouvrage. « Mais que c'est *rageant* ! Il y a des jours, franchement, où je ferais mieux de rester couchée ! » Je m'écarte du rayon de sa nervosité et prends le chemin de l'eau. Mon chemin de hasard. C'est marée basse.

Je marche un moment avant de découvrir une petite fille agenouillée dans une baïne. Elle a pêché une étoile de mer qu'elle tient dans la paume de sa main. Je m'accroupis à sa hauteur afin d'admirer sa prise : Elle est magnifique, très fine, rose framboise. « Tiens ! », me dit-elle en me la mettant d'autorité dans la main. Je sens contre ma peau quelque chose de rêche et de doux à la fois. La petite fille se rapproche de mon visage pour me chuchoter à l'oreille : « Prends-en bien soin. C'est un cadeau de la princesse du Palais des Mers. » Elle a un visage étroit, des yeux sombres dont on ne cherche pas à définir la couleur, tant est fort l'éclat du regard, et des cheveux noirs coupés au carré. Ils volettent dans le vent. Sa frange m'effleure d'une caresse soyeuse. Je n'ose accepter pareil cadeau. J'esquisse le geste de le rendre à la petite fille. Elle m'arrête. « Elle est à toi maintenant », me dit-elle. Et je sens que je devrais la garder. Mais j'ai des inquiétudes. Si c'était vrai qu'il s'agit d'un cadeau princier...

— La princesse, elle ne sera pas fâchée ? Elle a bon caractère ?

— Ça dépend.

— Alors reprends-la.

— Non, elle est à toi.

Je n'ai pas envie, un jour où ma mère est de mauvaise humeur, de me mettre en plus une princesse à dos.

— Mais tu m'as dit que c'était un cadeau de la princesse...

— Oui, la princesse du Palais des Mers.

— Tu ne peux pas la donner à n'importe qui.

— Tu n'es pas n'importe qui.

L'argument me touche. La petite fille reprend son chuchotis (elle a le chuchotis émouvant. Rien de commun avec le chuchotis caverneux du confesseur). Je suis suspendue à ses lèvres.

Juste à ce moment, on nous appelle. C'est nos mères qui crient nos noms. « Lucile ! Chantal ! Lucile ! Chantal ! » Curieusement, elles nous appellent en même temps, comme si elles avaient compris avant nous que nous sommes inséparables et que, désormais, il leur faudra traiter avec une enfant en deux ou deux en une, mais plus jamais avec leur fille dite unique. Leurs voix nous parviennent diminuées, assourdies par le souffle de la mer et le bruit du ressac, s'en distinguant avec peine. Au lieu d'obéir, nous courons en sens inverse pour nous baigner. Vite, parce que nos mères insistent, et que, si leurs voix sont diminuées, leur emprise sur nous est toujours bien réelle. J'ai ma paume resserrée sur l'étoile de mer. Je vais la faire sécher et puis je la recouvrirai d'une couche de vernis, comme je fais avec les hippocampes.

Le Maître des Dunes

J'ignore tout de mon amie à l'étoile de mer. Nous ne connaissons l'une de l'autre que nos prénoms. J'ignore même si elle reviendra à la plage, si elle n'était pas simplement de passage. Pour une fois, ça ne m'est pas du tout égal. Pour une fois, demain existe. Je me lève, regarde la couleur du ciel. Il fait gris. Il va pleuvoir. Pas de plage. Pas moyen de la revoir. Je passe une mauvaise journée rendue encore plus désagréable par la réaction de ma mère à mon étalage d'étoiles de mer et d'hippocampes, rangés sur une murette et en train de sécher à l'air (dans une indéniable proximité avec la cuisine). « Quelle puanteur ! », répète-t-elle de sa belle voix claire. « Éloigne tes grigris, s'il te plaît, ou je les jette à la poubelle. » Je me précipite. Terrible, l'idée que le bijou princier puisse aller aux détritus ! Je ramasse ma collection et vais l'étaler le plus loin possible. L'extrémité du jardin est dans l'ombre du figuier dont me troublent le parfum et cette particularité du fruit qui, parce que l'ombre du figuier est elle-même prise dans l'ombre de la maison voisine, n'arrive jamais à maturité. Je cueille les figues encore vertes non pour y croquer mais juste pour voir couler un filet de liquide blanc dont je m'empoisse les doigts. Pour moi, l'odeur de ma collection ne nuit pas au parfum du figuier.

Le lendemain il fait soleil et, ô merveille, Lucile est déjà arrivée à la plage ! Sa mère, après s'être elle-même enduite des pieds à la tête, est en train de lui mettre de l'huile solaire. Lucile me fait signe de la main. Elle guette l'instant de me rejoindre. Il nous faut un lieu isolé et à l'abri des oreilles et incursions étrangères pour qu'elle puisse m'en dire plus. Comme nous n'en trouvons pas, nous le construisons nous-mêmes. Nous avons besoin d'un mur. Nous serons invisibles et inaudibles du reste de la plage. C'est long de construire un mur de sable, il n'est jamais assez haut et à partir d'une certaine hauteur il s'écroule. Nous nous contenterons de nous blottir derrière un bateau. Lucile reprend comme si elle avait passé la veille à réfléchir à la question, ou comme si elle sortait à l'instant d'une entrevue avec Elle :

– La princesse n'est pas méchante. Même, je crois qu'elle est bonne au fond. Mais elle a mauvais caractère. Il se dit sur elle des choses horribles, tu en as peut-être entendu parler ?

Je fais non de la tête. Chez moi, on écoute le Club des chansonniers à la radio et ma mère ne s'intéresse pas aux histoires des autres. Lucile semble étonnée. Sa mère est une passionnée des histoires des autres. Elle a toujours un livre à la main. Elle ne fait que lire les histoires des autres, lire et enseigner les histoires des autres parce qu'elle est professeur de lettres (« Toutes les lettres ? » « Oui, toutes. » J'ai posé la question pour la forme, car le métier de sa mère ne m'intéresse pas une seconde). Enfin Lucile revient au sujet... La princesse n'a pas bonne réputation, c'est vrai, dit-elle, mais elle a des excuses... Nous sommes assises côte à côte derrière une pinasse. Nous avons une belle matinée devant nous. Lucile se lance dans sa saga, à voix basse et avec l'air de quelqu'un d'à la fois effrayé et excité par l'importance du secret qu'il est en train de dévoiler... À cette époque, me chuchote-t-elle, il y a longtemps, très longtemps, au tout, tout début, le Sable et la Mer se faisaient la guerre. Le père de la princesse, le Maître des Dunes, était un géant. Il possédait tout le sable, mais n'en avait jamais assez. Il avait placé sur la côte des gardes armés pour surveiller son sable, pour qu'il n'y ait pas un seul grain qui lui échappe et rejoigne la Mer. Il avait une fille qu'il maltraitait, une fille toute petite. En fait, c'est lui qui l'empêchait de grandir en la tenant prisonnière sous des sacs de sable. Mais un jour elle a réussi à s'enfuir, toute petite, plate et déformée par les poids qu'il faisait peser sur elle depuis sa naissance. Elle s'est d'abord cachée dans la forêt. Elle voyait mal à cause des puces de sable qui lui avaient mangé les yeux. Elle se guidait aux taches vertes de la mousse et des fougères, au parfum de la résine. Elle était si plate qu'elle pouvait passer entre les planches des cabanes de résiniers. Elle entrait et sortait sans qu'ils s'en aperçoivent. Son but était de s'échapper de la forêt pour rejoindre la Mer, mais la forêt était sous le contrôle du Maître des Dunes. Il ensevelissait comme un furieux, faisait pleuvoir sur les résiniers des torrents de sable. La pauvre petite biscornue, à demi aveugle, incapable de s'orienter, finissait toujours par venir se cogner aux pieds de son Géant de père. Qu'elle prenne des sentiers ou des trouées coupe-feu, c'était pareil. Elle courait, paniquée. Dérapait sur des aiguilles de pin, trébuchait sur des racines, se déchirait aux ronces. Il la regardait courir, la laissait faire un moment pour s'amuser, et il refermait sur elle son énorme main et l'emprisonnait à nouveau. Et, à chaque fois, le sort de la pauvre princesse était plus affreux. La dernière fois, il l'a enchaînée à une muraille. Elle était condamnée à y finir ses jours.

Lucile parlait au rythme où l'histoire se déroulait devant ses yeux. Devant *nos* yeux. Nous avions perdu la conscience du temps. Nous étions incapables de bouger.

Elle était là devant nous, la petite princesse, la fille du Maître des Dunes, la souffre-douleur du Général des Sables. Elle était vraiment très petite, toute réduite, brune, ses yeux noirs désolés, les cils blancs de sable, sa frange aussi était blanchie. Lucile s'est arrêtée de parler. Nous rêvions. Et tout d'un coup nous nous sommes aperçues que l'eau était montée. Elle était presque au niveau du bateau échoué qui nous servait d'écran. Je m'ébrouai et entraînai Lucile.

Tandis que nous regardions la plage presque complètement recouverte par la marée et qui n'arrêtait pas de se restreindre, je lui demandai :

– À cette époque, au tout, tout début, quand le Sable et la Mer étaient ennemis, qu'est-ce qu'il y avait sous l'eau ?

– Sous l'eau, il y avait l'eau. C'était comme aujourd'hui avec l'air. Au fond de l'air, il y a l'air.

– Mais maintenant l'eau a un fond. Un fond de sable et de vase.

– Je sais, dit-elle avec une certaine impatience.

– Et sur ce fond poussent des algues vertes, qui ont de longues tiges. Le fond du Bassin est une grande prairie.

– Ah bon ?

C'était à son tour d'être étonnée. J'étais contente de reconquérir un peu de ma supériorité d'enfant de la plage.

– Tout ce varech tu ne t'es pas demandé d'où il venait ? Il vient de ces algues. Sur la plage elles sont desséchées.

– Comme du foin ?

– Exactement.

Et prenant des brassées de varech, nous nous en sommes fait des oreillers. L'air était brûlant dans le soleil de midi. Couchées, nous fermions les yeux et nous nous imaginions marcher ensemble dans le vert liquide de cette prairie sous-marine.

La princesse du Palais des Mers

Nous nous passerons d'un abri, il nous suffit de parler bas. La vérité est qu'il est impossible de réussir à se cacher du regard des parents et de celui de mes anciens camarades de jeux. Eux aussi, comme nos mères, ils ont saisi que notre complicité les avait d'un trait net rayés de l'horizon. Et la brise me transmet, par moments, avec des parfums d'iode et des senteurs de varech, de grosses bouffées de jalousie. Elles n'atteignent que moi : ma nouvelle amie a l'inconscience des nouveaux venus. Elle fait commencer la vie de la plage avec son arrivée. Elle a aussi, pour la rendre parfaitement hermétique aux signaux sournois émis par mes camarades délaissés, d'être dépositaire de la saga de la princesse du Palais des Mers et de devoir la partager avec quelqu'un.

Ainsi à voix basse, et l'œil fixe, Lucile parle : Cette fois, avec les chaînes qui l'attachaient à la muraille et lui bloquaient les chevilles, elle n'avait aucune chance de s'enfuir. La princesse dépérissait. Elle recrachait la pitance affreusement sablée que le Maître des Dunes lui faisait servir.

– Quoi par exemple ?

— Et bien… de la couenne de lard roulée au sable noir, des farcis aux épines d'oursins, des ragoûts à la terre des semelles, des palombes étranglées, du confit pourri d'oies obèses, du râpé de tête de lapin… Son seul espoir était de devenir si squelettique que les chaînes, trop lâches, ne la retiendraient plus. Mais ses bourreaux, eux-mêmes terrorisés par le Maître des Dunes, surveillaient. À bout de résistance, elle décida de se laisser mourir (cette irruption du passé simple, en direct et en plein air, me fait un coup). Mais une nuit, poursuit Lucile insensible à mon choc grammatical, alors qu'elle n'attendait plus rien, une nuit de fournaise du mois d'août, son père fut pris d'une colère effroyable, emporté par une violence à tout casser. L'explosion de sa fureur fendit la Dune et fit s'écrouler dans la Mer un gros morceau de son empire. À la vue du désastre sa colère redouble, un autre morceau de son empire se détache. C'était celui dans lequel était emprisonnée la malheureuse. Elle fut projetée au loin vers l'Océan, accrochée de ses maigres bras à la plaque de sable durcie qui formait le sol de sa prison. Un voyage éclair, une trajectoire filante à ras de vagues. Elle atteint l'eau, légère comme une plume, naviguant à la dérive sur son banc de sable. D'autres plaques de sable envolées du domaine du tyran s'agglutinent autour d'elle, assez larges pour fournir un socle à son palais et un fond au Bassin.

Le Sable et la Mer étaient réconciliés. La petite princesse, lavée de la crasse et de la peur, passée d'un régime répugnant aux délices de l'huître, est devenue très jolie – et très puissante, parce que, grâce à l'armada de ses bancs de sable, irreparables, mouvants, la plaie des cartographes et, encore plus, des marins, elle peut naufrager comme elle veut.

Ainsi la princesse du Palais des Mers était une naufrageuse redoutable. *La* naufrageuse du Bassin. Et je pensais à Notre Dame d'Arcachon, la statue sauvée du naufrage par frère Thomas Illyricus. La princesse du Palais des Mers était-elle responsable du naufrage qui avait failli causer la noyade de Marie ? Avait-elle assisté à la scène ? Le moine en train de prier, à genoux sur le rivage, les vagues énormes, le déchaînement de la pluie et du vent, et puis, dans le prodige d'une accalmie, Marie émergeant de l'écume. Sa couronne bien plantée, ses yeux qui ne cillent pas et son seul bras encore valide retenant son bébé. Le moine entre dans l'eau, repêche la mère et l'enfant inanimé. Aidé par la mère, il redonne vie à l'enfant et les enveloppe tous deux dans une couverture. Plus tard, lorsque l'enfant est hors de danger, il s'empresse de leur construire une cabane, loin des vagues, là où commencent les dunes. Il assemble des planches de pin, recouvre le toit de genêts, étend sur le sol plusieurs couches d'aiguilles de pin. Il les contemple tous les deux, la toute jeune femme presque une adolescente et son fils Jésus. Il s'agenouille et clame : *Ave Maria, gratia plena, Dominus tecum, Benedicta tu in mulieribus ; Et benedictus fructus ventri tui, Jesus !*

Les fleurs, des œillets sauvages, il ira les chercher demain.

C'est la première chapelle d'Arcachon, et c'est pour Thomas Illyricus, rongé par l'angoisse d'essayer de comprendre ce qu'il faisait là à arpenter ces marais et pourquoi il s'était condamné à ce bout du monde, à ce désert, pourquoi lui, l'Orateur, le Prédicateur, le Déverseur d'une sainte colère, surnommé par des foules en délire « l'Exclamateur de la Parole de Dieu », il s'était infligé le pire des tourments : la solitude, c'est pour frère Thomas donc, l'ermite tourmenté, le premier instant de paix.

Du fond de son Palais, dont l'entrée toujours ouverte ondule du mouvement des algues, la Princesse certainement a perçu la scène. Puisqu'elle n'aime des naufrages que la partie spectaculaire, hurlante et traversée d'éclairs, mais se désole de la suite, morbide et monotone, elle se réjouit que pour une fois, comme dans son propre cas, le désastre ait engendré un prodige…

Je garde à part moi mes songeries. Je ne veux pas, par mes questions, troubler la belle histoire que me raconte mon amie, avec la même confiance qui lui a fait m'offrir l'étoile de mer. En plus, pour autant que je puisse en juger, il semblerait qu'au cours des innombrables années qui ont suivi l'événement du sauvetage de Marie et de son enfant il n'y a jamais eu de conflits entre la princesse du Palais des Mers et celle qui sera célébrée, entre autres, sous le nom de Notre Dame de la Mer. Au contraire même. Quand sa première chapelle, la cabane de branchages et de fleurs, a été ensevelie dans les sables et recouverte par la marée, on a construit pour Marie une autre chapelle, plus grande, plus solide et plus au sec. La première chapelle, tombée au fond des eaux, a rejoint l'ameublement du Palais. Sur son toit devenu la surface d'une table, la princesse a fait disposer la collection multicolore de ses anémones bijoux… Et le moine entre-temps qu'est-il devenu ? Il faudra que je demande à mon grand-père, car c'est lui qui m'a raconté cette histoire. Elle est un pacte entre lui et moi, comme la princesse est un pacte entre Lucile et moi, il ne faut pas tout mélanger.

Lucile m'initie aux secrets de la princesse du Palais des Mers, je lui fais partager mon goût pour les cueillettes de la marée basse et pour l'étude de certains spécimens de l'humanité. Elle est plus sensible aux premières. Tandis qu'elle est rapidement passionnée par le subtil mouvement de dissimulation qui, dans les heures de la marée basse, s'empare des crevettes, des crabes, et autres créatures, et admirative de leurs techniques de camouflage, elle n'éprouve pour le Théâtre des Familles qu'ennui.

— Mais il ne se passe rien, me dit-elle après plusieurs matinées à observer les agissements insipides de la famille Leçon.

— C'est ça qui est fabuleux. Ils font tout comme il faut et toujours pareil.

Elle me regarde sans comprendre. Elle ne saisit pas l'extraordinaire de la chose. Peut-être que, tout simplement, ça se passe de la même façon chez elle. En tout cas, elle préfère scruter les villas avant l'arrivée de leurs habitants. Percer l'au-delà des murailles, traverser la surface des eaux, effleurer l'invisible dont elles vibrent. Elle a un talent pour ce qui se dérobe.

Dans l'ombre de la jetée rouillée

Le plus souvent nous tenons fermée au reste du monde la sphère de nos agissements. En respect de notre culte du secret, mais aussi par nécessité – par l'impossibilité où nous sommes de traduire en mots compréhensibles les brûlantes expériences de notre quotidien. Nous vivons des moments palpitants, il se produit mille choses, mais, le soir venu, nous n'avons rien à raconter. Et si l'on nous demande : « Alors, vous vous êtes bien amusées ? », nous répondons oui, sans plus. Même avec une mine un peu blasée. Le terme de *s'amuser* nous semble maladroit, terriblement frivole par rapport à l'état d'intensité dans lequel nous explorons les constructions fuyantes du sable et de l'eau, scrutons leur évanescence. C'est aussi la nature de nos activités, leur caractère indescriptible, qui nous réduit au silence. Nous ne racontons rien, parce que nos occupations ne se laissent pas raconter.

C'est spécialement vrai quand nous avons passé des heures à patauger entre les piliers de la « jetée rouillée », la jetée de notre plage. Non pas débarcadère pour les estivants comme les jetées de la Chapelle, Thiers ou d'Eyrac, mais appontement construit à l'usage des chantiers navals et des conserveries de poissons. Comme cet Arcachon-là, l'Arcachon des travailleurs de la mer, des pêches jusqu'à Terre-Neuve et l'Islande, du péril et de la pauvreté, déjà supplanté par le tourisme, commence de péricliter, la jetée à usage industriel et marchand n'est quasi plus utilisée. Nous la considérons, quant à nous, comme complètement abandonnée, en dépit de deux grues fixées à son extrémité et toujours en fonctionnement. Le tablier troué éclaircit de quelques rayons lumineux une eau que l'ombre portée par la jetée rend plus froide et presque noire. Déambuler dans cette absence de clarté nous poigne d'un mélange d'angoisse et de jubilation. Mais la jubilation gagne quand, penchées sur les piliers rouillés, nous scrutons cet étrange conglomérat tout incrusté de coquillages et verdi par endroits d'une algue vert tendre... La rouille nous fascine par cette intrusion de l'industrie dans le paysage de nos bains. Je suis prise de la même fascination quand je vais au port de l'Aiguillon tôt le matin, à l'heure où les pêcheurs débarquent leur cargaison. Tout autant que les poissons sur le pont (certains encore à se débattre dans l'entrelacs des filets), les chalutiers eux-mêmes sont fabuleux, pour l'aura de tempêtes qui, quel que soit le temps, les nimbe, et surtout pour leurs ancres énormes et les chaînes auxquelles elles sont attachées.

Ces piliers couverts de rouille nous font signe, pas seulement de l'existence d'un monde du travail, mais plus sûrement de celle du Temps. Si nous sommes étrangères au monde du travail, nous le sommes encore plus au Temps. Chaque journée de plage, chaque éblouissement matinal, débute sur un effacement de la veille. Les piliers rongés peuvent toujours s'échiner. Comme la Grande Poupée veillant dans l'armoire de ma chambre et conservant sur le miroir de verre de ses grands yeux dormeurs des images de mon arrière-grand-mère Zélie petite fille, c'est peine inutile. Nous ne sommes attentives qu'à l'eau qui bat contre nos cuisses, au contact ferrugineux sous nos doigts. Nous tentons de décrocher quelques moules, nous nous acharnons sur des colonies de patelles aux cônes pointus, et puis nous abandonnons. L'eau monte. Nous quittons à la nage ce repaire d'ombre et d'incrustations. Nous nageons vite. La peur nous prend de cette carcasse plantée dans la mer, la peur de nous être piquées avec un bout de ferraille et que le tétanos, cette maladie mortelle, se soit déjà infiltré dans notre sang.

Mais, tout à l'opposé et avec autant de conviction, nous pouvons décider des vertus curatives de l'eau ferrugineuse. Rester longuement à nous baigner, immobiles, laissant les invisibles particules rousses nous transmettre leur force.

Dans l'ombre de la jetée rouillée, tantôt nous courons le risque d'attraper la mort, tantôt nous visons le profit d'une constitution à toute épreuve. Les changements brusques, les renversements contradictoires ne nous gênent pas. Ils sont inhérents à ce savoir de l'eau qui, de bain en bain, ou seulement à la contempler – ou même sans la voir lorsqu'au détour d'une allée une bouffée d'air salin nous caresse les joues –, grandit en nous.

Les émotions causées par la rouille, ce n'est pas la peine d'essayer d'en causer. Ce serait comme de vouloir faire partager notre sympathie pour la vase. Substance délicieuse, douceur de velours, clapotis délicat. Nous aimons à nous y enfoncer. Nous ne réclamerons jamais des patins de bois pour marcher dessus. Sur l'estran nous forçons l'écart de nos enjambées pour mettre nos pieds dans les empreintes creusées par mon père. Et nous chantons des hymnes au Génie vaseux. Il abolit les angles et nous sculpte en creux un corps de caresses.

Chiffonnières de la mer

C'est le milieu de l'été, l'exploration d'une nouvelle plage, la révélation d'une inséparable. Lucile est à Arcachon pour toutes les vacances, autant dire pour l'éternité. Je n'ai pas d'inquiétudes, le soir, quand je la quitte. La cérémonie de nos adieux est, à chaque fois, interminable. Nous mimons la tragédie. Avec d'autant plus de théâtralité que nous voguons en sérénité.

Lucile et moi, nous faisons tout ensemble, nous essayons de nous faire acheter des vêtements identiques, les maillots de bain, les shorts, les tricots rayés, les chaussures méduse de la même couleur, les chapeaux de paille.

Nous aimons la marée basse. Elle agrandit la plage. Nous rapproche de l'île aux Oiseaux.

Nous parlons notre langue, nageons bizarrement. Nous pensons que le monde n'obéit pas à la mécanique, mais qu'il s'apprivoise par la magie. Nous pouvons, de l'extérieur, sembler mal coordonnées car nos pulsions sont imprévisibles. En réalité, nous sommes redoutablement réfléchies, concentrées à mort sur chacune de nos entreprises. Je conviens qu'il est difficile de nous percer à jour : nos défis ne valent que pour nous et nous mettons au-dessus de tout le culte du secret.

Très souvent nos mères nous perdent de vue – et c'est réciproque.

Nous sommes les chiffonnières de la mer, les glaneuses de varech, les parleuses de la princesse. Nous allons de l'avant sans nous retourner.

Plonger

Nos mères ne se causent pas beaucoup. Sans nous, elles n'auraient aucune raison de se lier. Mais nous existons et nos manières secrètes et distantes, nos perpétuelles messes basses, nos folles impatiences dès que nous sommes séparées, finissent par vraiment les insupporter. Il y a aussi que nous marchons loin sur la plage en direction de l'Aiguillon, passons des journées dans l'ombre de la jetée rouillée, et que des bribes de nos conversations qu'elles saisissent à notre insu – ces histoires de Palais au fond des eaux et de princesse en insurrection contre le Maître des Dunes, etc. – leur font lever les yeux au ciel, prendre le bon Dieu et, encore plus, le bon sens à témoin. Surtout la mère de Lucile, professeur dans l'âme et adepte du cartésianisme. La mienne n'a rien d'un professeur. Vraiment rien à enseigner. C'est peut-être pourquoi elle ne se repose pas, a toujours l'air tendu vers une activité à venir. Avant qu'elle aille nager, il n'y a pas à s'interroger. Son but est tout tracé. Mais après ? Après la nage, elle ne sait pas quoi faire de son énergie. Elle va et vient, note des listes de commissions, rentre chez elle, ressort, va rendre visite à sa mère, s'assoit avec elle dans le jardin, tricote à ses côtés, mais très vite, a envie de jeter le tricot et de s'en aller. Tandis que la mère de Lucile, est-ce un effet de Descartes ?, sait se poser. À la plage, allongée sur le ventre, ses lunettes sur le bout du nez, elle lit tout le temps. Et lorsqu'elle vient voir d'un peu plus près ce que nous trafiquons, elle nous aperçoit vaguement à travers le volume romanesque où erre son imagination.

Malgré ces différences profondes, elles décident de concert de nous inscrire à un club de natation. La chose devrait nous déplaire, mais nous sommes trop soudées l'une à l'autre pour pouvoir être perturbées par des activités collectives, et, de plus, M. Trimalco, le maître nageur et professeur de gymnastique, nous est aussitôt sympathique. Il a la voix chaleureuse, une grande patience, le sourire généreux, mais surtout, surtout, il est très petit et un peu bossu. Un handicap qui le met de notre côté. Nous y voyons le signe d'une dissidence mentale, d'une appartenance secrète. Trimalco n'est pas de la race athlétique des moniteurs des deux célèbres (et rivaux) clubs de gymnastique de la ville : *Tout pour la Patrie* et *Les Enfants d'Arcachon*. Il appartient, comme nous, à un univers de créatures indéfinissables, de monstres charmants. Et lorsque, pour nous apprendre à plonger, il se jette le premier de la poupe de son bateau, tous les enfants, et nous aussi, le suivent. Lucile n'a pas eu besoin de me chuchoter que Trimalco est un homme de main de la princesse du Palais des Mers, et même un de ses plus sûrs auxiliaires, c'est l'évidence. Sous sa houlette, plonger nous ravit. Rien ne nous fait peur. Ni la chute dans le vide, ni le choc de la rencontre avec l'eau. On la prend de haut maintenant. En réponse, elle nous happe à la verticale, nous engloutit dans ses abîmes. Nous nous prêtons. Nous coulons profond, encore plus profond… et nous nous libérons d'un coup de reins, remontons à la surface, les oreilles bourdonnantes. Nous ouvrons nos yeux baignés de larmes de sel, nous ébattons dans une agitation de vagues écumantes et de rires.

Le portique recèle des merveilles. J'adore me balancer, tête à l'envers, genoux bloqués sur le trapèze, et aussi courir en équilibre sur le ballon géant, ou encore m'envoler du trampoline – et qu'en retombant, je m'élève encore plus haut me galvanise. Le bonheur s'insinue par les muscles et les tendons de mes mollets, s'affirme dans mes cuisses, emporte tout mon être dans une jubilation d'apesanteur. C'est comme de nager dans l'air.

J'aime l'enclos de cordes qui entoure les agrès, le bac flottant du plongeoir. Ils dessinent de nouveaux périmètres d'expérimentation, cadrent autrement notre théâtre. Je fais la roue, le pont, le grand écart. Mon corps change de substance.

La gymnastique avec Trimalco ne participe pas de la loi de la symétrie ni de celle des nombres. Il ne se sert d'aucune des ruses et techniques utilisées par les grandes personnes pour faire entrer les enfants dans un programme d'éducation et les y claquemurer. Il a plus d'un tour dans son sac pour déjouer les programmes. Nous le comptons comme un allié dans notre défense de l'irrégularité. Une lutte par définition clandestine.

Par temps de pluie, le club déserte la plage. Il se déplace à l'intérieur de la ville, s'abrite dans une salle de gymnastique. De cela, pour nous, il n'est pas question. De l'odeur de sueur des vestiaires, du plancher gris, des cordes à nœuds et du cheval d'arçons vissé au sol, nous n'avons pas envie. Les jours de pluie, nous marchons sous la pluie. Nous parcourons, trempées, les rues d'Arcachon. Nous faisons des découvertes, pas seulement d'autres rues, allées, étroits passages et impasses, ignorés de nos circuits habituels constitués des artères principales comme l'avenue Nelly-Deganne ou la rue Lamarque-de-Plaisance, que j'entends *la marque de plaisance*, mais aussi et surtout de l'infinie diversité de la pluie – la pluie d'orage qui tombe drue, déploie largement son épais rideau, efface le monde ; la bruine qui vous humecte délicieusement le visage ; la pluie disciplinaire, obtuse, qui se déverse à un rythme égal, rien de spectaculaire mais elle est capable de durer longtemps, la pluie des amours tristes, elle ne donne pas idée d'arracher sa robe et de courir, nue, sur la jetée vide, elle ne donne idée de rien. Quand même, elle nous intéresse, parce qu'en elle aussi nous éprouvons cette intime douceur de la pluie d'été, son affinité avec l'eau pour nager – une eau qui ne demande qu'à vous accueillir.

Nos errances ne sont pas hostiles à Trimalco. C'est seulement que nous choisissons la pluie contre l'enfermement d'une salle de gymnastique.

De même qu'appelées par nos mères, nous choisissons le bain contre l'heure de dîner. En un premier temps. Dans la mesure du possible.

Les personnes, au fond, ont un rôle secondaire. Ce sont les éléments qui nous dictent nos conduites. Le soleil ou la pluie, le vent, le sable, les marées.

Pudeur

Le club, en même temps qu'il m'apprend à me désarticuler, à m'embrasser la pointe des pieds, à marcher en faisant le pont, à m'ouvrir en grand écart, me fait découvrir la pudeur. Ou, du moins, une certaine croyance en la pudeur. Maintenant, je me déshabille les jambes emmêlées dans ma serviette et je me mets à porter, en considération pour une identité féminine supposée, un soutien-gorge. Mal ajusté, je le perds en sautant du bateau. Je suis alors prise d'un incroyable acharnement à le récupérer. Je plonge le plus profond possible pour repêcher les deux triangles blancs piqués de minces rubans multicolores qui me servent de soutien-gorge. Je retiens ma respiration à m'en faire éclater les poumons. Mais je ne réussis pas à le repêcher. Lucile ironise : « Il est tombé chez la princesse du Palais des Mers. Réjouis-toi, c'est un honneur. » Ça ne me fait pas sourire. Je me sens terriblement nue, et cela me procure une honte dont la brûlure ne m'est pas totalement désagréable. Lucile continue de plaisanter, se demandant laquelle des suivantes de la princesse allait porter mon soutien-gorge.

Son ironie m'exaspère. Mon torse maigre exposé à la brise, je fais comme si je l'ignorais. Mais à moi-même je me pose la question : Pourquoi est-ce que je tenais tellement à repêcher ce soutien-gorge alors que je me refuse de toute mon âme à ce que mes seins grossissent ?

Perdre pied

Au club, il y a des garçons qui entrent dans la mer en marchant sur les mains. Ils vont en équilibre sur leurs bras, s'enfoncent dans l'eau aussi longtemps qu'ils ont assez de souffle. Moi, parfois, il m'arrive d'entrer dans l'eau en faisant la roue. Trimalco m'a appris beaucoup de choses. Désormais, je sais nager. Selon des critères objectifs. J'ai dépassé, dit-on, le stade des mouvements désordonnés du chien qui nage. Je ne peux faire que quelques mètres en crawl ; pas davantage. En revanche, ma brasse est parfaite. Elle me mènera où je veux, et, je le sens, sur de longues distances, et même dans des mers étrangères. Mais ce n'est pas en longeant le rivage que je désire aller loin. Faire des longueurs ne me tente pas. Mon plaisir à me sentir sûre de moi se manifeste précisément dans ce passage (qui désormais n'en est plus un) entre l'instant où l'on a encore pied, où l'on peut toujours s'arrêter de nager et s'en remettre au sol stable de la terre et celui où le fond nous échappe. C'est à partir de là, à partir de cette indifférence, ou sérénité égale, à flotter au-dessus d'un mètre de haut ou au-dessus d'abîmes, que s'éprouve la véritable souveraineté du nageur, que l'on jouit entièrement de cette autre manière d'exister, dans l'abandon, la déprise. J'ai appris à perdre pied. Jubilation en mode nageur.

Ce matin – est-ce d'avoir écrit la veille « jubilation en mode nageur » et d'avoir cherché des mots pour approcher la pleine euphorie de nager, comme on dit « la pleine mer » ? –, mon bain est d'un parfait bonheur. Je le sais dès le premier contact avec l'eau, quand après avoir descendu la petite échelle métallique fixée dans les rochers, je marque un arrêt. Juste le temps d'embrasser l'horizon, le bleu clair, léger, presque translucide, du ciel, celui bleu-vert, teinté de turquoise, de la mer, un bleu plus dense, que ne traverse rien d'immatériel, sauf, au fur et à mesure que le soleil va apparaître de derrière les maisons et les pins parasols de la colline qui domine, des taches de lumière grandissantes au cœur de cette pure couleur. Un bleu soutenu fort de cet éclat direct dont irradie la peinture de Picasso. Ce bref arrêt, juste pour apprécier la splendeur en laquelle je suis sur le point de m'immerger. Et c'est avec dans les yeux la vision persistante de cette fête du bleu que je commence à nager. L'eau, à peine refroidie par la pluie d'hier soir, est toujours aussi bonne. La douceur de sa température rend plus délicieusement enveloppante chaque brasse, laquelle exige la suivante, et ainsi de suite. Ce n'est jamais assez. Me revient, sans l'exubérance de l'enfant et l'envie de communiquer sa révélation à la plage entière, en l'occurrence quatre ou cinq personnes disséminées sur les rochers, l'évidence que nager appelle à nager. Je ressens ce désir montant qui ouvre la baigneuse à une durée infinie. Je nage, je passe de la brasse à la brasse coulée, change pour l'indienne, son art de la diagonale, ce plaisir à fendre l'eau en biais…

La cabane du résinier

La gaieté vient de la mer. Elle danse dans le mouvement des vagues. Elle se relance à leur agitation continuelle. Et même quand on ne sait pas nager, même pour qui, venu de la campagne, excursionne une journée à la mer, faire quelques pas dans l'eau, le bas du pantalon ou la jupe retroussée, rend joyeux. On s'accroche les uns aux autres, on trébuche, une vague vous asperge, on pousse des cris. On referme ses doigts sur l'eau, elle coule, s'enfuit. L'eau ne se possède pas. Et nous de même : lorsque nous entrons dans l'eau, nous ne nous possédons plus.

On saute, on plonge, on batifole, on se roule dans l'écume du rire.

La forêt, c'est une autre histoire. Elle ne donne jamais envie de rire. Et à moi, elle me fait peur. J'y vais surtout l'automne et l'hiver. Je la préfère quand elle est liée à une activité comme cueillir des mûres ou ramasser des champignons. Quand même l'été aussi, par jours gris, l'après-midi, la forêt se substitue parfois à la plage. Et cela peut nous faire plaisir, à Lucile et à moi. Lucile est à l'aise dans la forêt. Son calme réussit à apaiser mes craintes. La forêt alors devient hospitalière. Elle n'est plus du côté de l'ombre funeste. Ce n'est plus une forêt noire. Les pins, élancés, ne retiennent plus la lumière. On marche en pleine clarté. On marche sans bruit sur une épaisseur d'aiguilles de pin, légèrement élastique.

Un jour de particulière confiance, un jour où j'ai triomphé de mes appréhensions, nous marchons au hasard, cueillons de la bruyère, comparons des fougères, mettons le nez sur la mousse, et finissons par déboucher sur une cabane en bois. Elle est construite au milieu d'une clairière défoncée par le travail des taupes. La porte a été arrachée. Elle a été jetée à même le sol parmi les orties. L'absence de porte nous incite à entrer. À la place des carreaux aux fenêtres, des planches à demi effondrées. C'est par là qu'entre un peu de lumière. Dans un coin, pas très visibles, reliés les uns aux autres par des toiles d'araignée, quelques meubles cassés. Une odeur de cendre mouillée et de vieille misère nous pique les yeux. Nous devrions partir mais la terreur nous cloue au sol.

— Il y a quelqu'un, lui dis-je. On a fait du feu.

— Mais non, tu es folle.

— Mais si, partons !

En même temps je ne fais aucun mouvement. Nous sommes toutes les deux au milieu de la pièce, figées.

Les habitants sont morts, chuchote Lucile d'un ton incertain. Juste alors nous entendons un bruit de chose qui tombe dans le coin aux toiles d'araignée. Je distingue un petit homme, ses yeux luisent dans l'ombre. Lucile me prend la main et me tire vers la sortie. Nous courons à travers orties et ajoncs. Les jambes brûlantes, le cœur en chamade. Telle est notre panique que nous en oublions notre règle de ne jamais rien raconter aux parents.

Nous crions que nous avons vu un homme dans une cabane, un homme qui avait une hache à la main. Il allait nous tuer. Je précise : « Il avait des yeux de renard. » Ma grand-mère voudrait nous rassurer. Il n'y avait personne. La cabane a été abandonnée depuis des années par le résinier qui y habitait avec sa famille. Oui, une cabane de résinier, reprend ma mère, pourquoi allez-vous jouer là-dedans ? C'est sinistre. Pas dangereux, mais cafardeux. Je déteste les cabanes de résinier, ajoute-t-elle. La violence qu'elle met dans son affirmation est exactement celle avec laquelle il lui arrive de déclarer : « J'ai horreur des tempéraments résignés. Je préfère une bonne colère. On explose et, deux minutes après, tout est oublié. » Par ces paroles, elle vise le silence de mon père, sa tendance à éluder les explications et les conflits. Mais quel rapport avec la scène que nous venons de vivre ? Aucun, sauf que je confonds *résinier* et *résigné*. À la réflexion, il me semble curieux qu'un résigné, un type au tempérament passif, prêt à tout accepter pourvu qu'on le laisse tranquille, un taiseux aux mœurs paisibles, veuille nous assassiner juste parce que nous étions entrées chez lui sans y être invitées.

« Ça ne colle pas, dis-je à Lucile, sur le chemin de retour. Je crois qu'il n'y avait personne. » Lucile ne m'écoute pas. Elle est en conversation avec ma mère, elle lui demande : « Les cabanes d'ostréiculteurs, vous les aimez bien ? » Parce qu'il faut avouer que nous, on les adore, mais ça elle ne le dit pas. Une fois la panique disparue, nous retrouvons notre sens du secret. Les cabanes d'ostréiculteurs, c'est là où nous habiterons plus tard. Nous en choisirons chacune une. De quelle couleur ? J'hésite encore. Mais je ne me lasse pas de fouler en pensée son terrain de coquilles d'huîtres. Sa blancheur resplendit.

À l'été prochain !

Nous n'avons pas vu les jours passer. C'est ainsi qu'un soir de septembre, alors que la plage est depuis longtemps désertée des enfants estivants, ce que nous avons à peine remarqué, nos mères échangent quelques phrases et concluent : « Allez, dites-vous au revoir, à l'été prochain ! »

La grande dune nous tombe dessus, les jetées s'effondrent, le Bassin se vide, les crabes se carapatent, les méduses sont pétrifiées, les huîtres s'égosillent et les mouettes se taisent – et nos mères sont changées en pisse-vinaigre. Allons, redisent-elles comme si de rien n'était, dépêchez-vous, il est temps. Nous nous embrassons dans un frôlement. Nous répétons d'une voix morte : Au revoir, à l'été prochain, et nous partons chacune selon la direction voulue par nos mères. Nous ne nous retournons pas. Il peut faire grand soleil ou ciel bas, ça ne change rien. En même temps qu'a été décrétée la cessation de la saison s'est cassé le lien magique qui nous liait aux éléments. Nous n'obéissons plus au vent, nous ne nageons plus dans le sens du courant, la princesse ne donne plus de ses nouvelles.

Homonymes

À la maison, à la plage, dans les magasins, le nom de *maman* voltige sans arrêt dans l'air. Ce n'est pas moi qui le prononce, mais ma mère s'adressant à sa mère – l'appelant, lui demandant son avis, parlant d'elle, se disputant avec elle, jamais gravement, plutôt sur le ton d'une enfant tentée de désobéir. Mon espace familier est saturé par le nom de *maman*, et cela, à l'évidence, bien avant ma naissance. J'évite de le prononcer. Je ne vois pas comment il pourrait renvoyer à l'être unique, irremplaçable, fanatiquement espéré par l'enfant en appel de sa maman.

Je suis à la plage d'Eyrac en train de construire une forteresse labyrinthique avec d'autres enfants, mes camarades de toute l'année (j'ai réintégré leur groupe sans difficulté). Chacun s'affaire : la marée monte, les baïnes peu à peu sont absorbées par la mer, bientôt notre édifice sera une presqu'île, puis une île, puis... On ne veut pas imaginer la suite. « Chantal ! » J'abandonne ma pelle : « Ma mère m'appelle, je reviens tout de suite. » Elle m'entend et sur un ton peiné me demande : « Pourquoi dis-tu *ma mère* et non *maman* ? » Nous

nous tenons toutes les deux les pieds dans l'eau. Elle a son bonnet de bain à la main. Elle bouge la tête afin que ses cheveux bruns ondulés, mi-longs, reprennent du volume. Pour moi qui la regarde d'en bas, cette façon de secouer la tête rend plus grave la manifestation de son mécontentement. Je reste muette. J'ai l'idée de répondre : « Je croyais que ça voulait dire pareil », mais la conscience de ma mauvaise foi m'arrête. *Maman* est plus tendre, plus naturellement et passionnément possessif que *mère*. *Maman* résonne pour chacun et en chacun selon une tonalité unique. J'en ai l'intuition, mais comme cette musique d'exclusivité m'échappe, je préfère m'abstenir.

Nous faisons quelques pas ensemble sans parler. Je me concentre sur le clapotis de nos pas au bord de l'eau. Ma mère, toujours rapide à changer de sujet de conversation (même s'il est plaisant), me renvoie à la forteresse de sable : « Ne prends pas froid avec ton maillot mouillé ! »

Un jour à l'école, en leçon de grammaire, la maîtresse nous explique la distinction entre *homonymes* et *synonymes*. Nous devons écrire des exemples. Comme homonymes j'écris, joyeuse : *mère* et *mer*. Je pense aussi : *résinier* et *résigné*, mais je le garde pour moi. Comme synonymes, je ne trouve rien. Je ne crois pas que deux mots différents puissent signifier la même chose.

Dictée

En classe, une fois la dictée achevée, lorsqu'on en est au moment des corrections, j'ai du mal à admettre qu'il n'y a pour chaque mot qu'*une* bonne façon de l'écrire. Ça m'indigne que mes initiatives, si elles ne coïncident pas *exactement* avec la version imposée, soient taxées de fautes. Et des fautes qui, comme à confesse, sont graduées avec un méchant sens des hiérarchies. Il y a des péchés véniels et des péchés mortels. Pareil pour les fautes d'orthographe. Ce n'est pas trop coupable d'abîmer un nom ; il est gravissime de faire erreur sur un verbe. J'écris : *ortensia, ortançia, hortenssia,* je perds un point. Je m'autorise : *j'irrai* – parce que je suis incroyablement contente d'y aller, tellement que j'en roule les *r* –, je suis pénalisée au tarif fort.

Pourquoi n'ai-je pas le choix ? Qui a statué pour l'éternité sur la bonne façon d'écrire un mot ? Dieu ? Son adjoint aux Écritures ? Son préposé aux Cahiers d'Écoliers ? Pourquoi en matière de mots y a-t-il un arrêt dans la suite des métamorphoses ? En l'absence de Lucile, j'interroge mon grand-père. Je sais qu'elle, Lucile, est forte en dictées. Ce qui, avec une mère toujours la tête dans les livres et de surcroît professeur de lettres – de *toutes* les lettres – est logique. D'ailleurs, sa mère parle comme une dictée. Des mots rares, des phrases longues, parfaitement coordonnées. Ce n'est pas totalement rassurant. L'écoutant, je ne peux m'empêcher de me demander quel auteur fameux est en train de parler à travers elle. Alors que, lorsque ma mère parle, je suis sûre que ça vient d'elle, qu'aucun écrivain, aussi extraordinaire soit-il, ne parle par sa bouche. C'est ELLE. Ma mère n'est le médium de personne.

Il fait un vent très vif. Nous sommes assis en rebord de perré, Félix et moi. Il porte son béret bien enfoncé sur le crâne et un imperméable beige. J'ai mon anorak rouge, une jupe plissée grise, des socquettes bleu clair. Me promener avec mon grand-père me met aux anges. Je serais d'heureuse humeur, n'était ce malaise d'après-dictée, ce sentiment de persécution ou, plus objectivement, d'injustice instituée.

La mer bouge en vagues pressées et pointues, une ondulation d'accents circonflexes, dirait (peut-être) la maîtresse. La plage est vide. Le sable ne porte d'autres empreintes que celles du pas léger des oiseaux. Des pinasses en direction des parcs à huîtres passent au large de la jetée. Le bruit de leur moteur scande nos paroles et nos silences avec la régularité d'un cœur qui bat.

– Dieu n'y est pour rien, m'assure Félix. Dieu, en matière d'écritures, surveille uniquement les Écritures saintes. Pas les dictées des petites filles.

– Alors quel est le responsable ?

– Personne. L'usage.

– Mais c'est qui l'usage ?

Usage, *usure*, les termes pour moi se valent. J'imagine des mots usés jusqu'à la trame, avachis, sans ressort, des loques verbales incapables de se réinventer, de se réjouir à l'idée de nous surprendre à chaque nouvelle rencontre. Pas nécessairement de grands changements, mais la fine touche grâce à laquelle aucun moment ne revient pareil, ce pour quoi il importe de s'appliquer à le savourer : une lettre de plus ou de moins, une cédille ajoutée, un *h* définitivement aspiré.

J'imagine... Ai-je vraiment à imaginer ? Ne suis-je pas témoin, jour après jour, partout, de mots voulus pour leur usure même, pour leur banalité assurée ? N'ai-je pas les oreilles saturées d'échanges dont l'accord tacite est qu'il ne soit rien dit du tourment qui vous ronge, de l'amour qui vous quitte, du silence qui peu à peu, sans remède, envahit toutes les pièces de l'Habitation de l'âme ? Mon grand-père parle autrement. Il a foi dans une parole vive. Il *est* la parole vive. Et le regard libre : il trouve aux architectures des nuages autant de présence qu'à celle des humains.

D'une façon générale, à l'école, j'ai des difficultés. Et pas seulement pour les dictées. En fait, me dis-je, tous les exercices pourraient s'appeler dictées, puisque l'École est un lieu où il y a toujours quelqu'un pour vous dicter ce qu'il faut faire et ne pas faire. Le temps même où l'on doit s'amuser nous est dicté. L'École ne cache pas sa prédilection pour les tables de multiplication, les règles de grammaire et tableaux de conjugaison, les listes de départements. Elle abomine les sectaires du Génie vaseux. L'École est une vaste Organisation sur le modèle de la famille Leçon. Vis-à-vis de cette

Organisation, ma mère réagit en fonction de son hostilité à toute notion de groupe et de classement. Elle ne l'aime pas. Ma mère n'aime pas l'École. C'est pourquoi elle m'encourage plutôt à sécher. Elle me propose volontiers d'écrire sur un mot d'excuse que je suis malade. Mais ne pas aimer l'École ne m'est pas un motif pour la manquer. J'y suis d'une assiduité absolue. Cette histoire que l'École ignore le règne des métamorphoses (autrement dit, tout ce qui fait la vie du Bassin et sur le Bassin) et repose sur l'idée d'un univers fixe me trouble. J'y perçois un défi sérieux, qu'on n'écarte pas d'une pichenette, quelque chose à approfondir, peut-être même la chance de découvrir un univers parallèle. De plus, je me refuse à ce que la maladie participe de mon existence, même comme prétexte ou mensonge, car j'ai obscurément deviné aux changements drastiques de ma mère que la maladie n'a pas besoin d'être « vraie » pour détruire.

La ville, l'hiver

Quand on arrive dans un lieu de vacances, *a fortiori* balnéaire, c'est bien pour mettre entre parenthèses ce qui précède de sa propre existence comme de celle de l'endroit où l'on vient de débarquer. Où, sinon sur le sable, s'écrirait l'histoire d'une plage ? Où, sinon dans une chanson, la geste d'un été ? Autant dire qu'ils n'en ont pas d'histoire, pas plus la plage que l'été, ni leurs figurants d'occasion. Et quand on décide, comme mes parents, de s'installer définitivement dans une ville de vacances, c'est pour se réfugier dans une forme de vide ou de vacuité. Cela implique que l'on sache vivre de rien, de presque rien, s'illuminer d'un détail, s'enchanter d'une nuance, devenir expert dans le modelage des marées, le tracé mouvant de l'écume, l'alchimie du bleu, le vol des hérons cendrés. Cela suppose que l'on réussisse à garder au fil des jours et des saisons l'insouciance des vacances, la capacité à jouir de l'instant. Un pari qui répond au désir de l'enfant, à son souhait pour toute la vie : que ce soit à chaque réveil comme de poser le pied sur le banc d'Arguin. Mais si l'on échoue à garder l'insouciance, si cette grâce du premier matin vient à vous quitter, alors la monotonie gagne du terrain et l'humeur menace de virer à la neurasthénie. La vie se déroule devant un paysage magnifique, mais d'une beauté touristique – extérieure. Elle se tient, vacillante, au bord d'une béance. Mon père s'enferme dans une citadelle de silence. Ma mère se disperse en anxiétés de maladies (elle qui, comme moi, déteste les dictées, va multiplier les ordonnances). Elle s'anime un peu l'été, mais de moins en moins de bon cœur. Sa noire boussole l'oriente vers l'hiver. Pour elle, la ville, l'hiver – l'ennui de la femme au foyer et l'effet dépressif qui va avec –, tend à rejoindre la ville d'Hiver, l'horizon d'abord médical du plus célèbre quartier d'Arcachon. C'est de ce côté-là qu'elle va chercher ses médecins, qui ne cessent de la décevoir. Je l'accompagne quelquefois. Nous poussons des grilles, entrons dans des villas anciennes, des « chalets » construits à l'époque où Arcachon était un lieu de cure pour les tuberculeux. Comme si l'Histoire de la ville, cette Histoire à laquelle elle ne s'intéresse pas et dont même elle nie la réalité, la rattrapait comme un mauvais sort. Dans son choix exclusif d'Arcachon ville d'Été et délices de vacances, au mépris de tout intérêt pour son proche passé de ville d'Hiver et de douleur, ville de fièvre et d'agonie, elle reproduit à son insu une décision politique : la ville médicale supprimée au profit de la ville balnéaire, laquelle partout se construit sur l'effacement de toute trace, surtout celles, dégoûtantes, de la maladie. Une ville balnéaire s'éteint à la fin de la saison. On la rallume l'été suivant, avec l'arrivée des premiers touristes.

Quand en sortant de chez un médecin, ma mère avec une nouvelle ordonnance, moi avec le roman que j'ai pris pour lire dans la salle d'attente, nous humons l'air saturé d'un parfum de feuillages et de jardins et marchons dans les allées courbes du quartier de la ville d'Hiver, nous ignorons toutes deux qu'elles ont été dessinées ainsi contre le vent, afin que les malades en séjour dans cette oasis de verdure soient protégés des intempéries venues de la mer.

Curieusement, je reçois comme cadeau, un soir de Noël, un uniforme d'infirmière, blouse et coiffe blanches, brodées d'une croix rouge (au point de croix), et trousse. Je m'en sers un moment pour faire souffrir un petit voisin (cataplasme à la résine, cure d'eau iodée, etc.) mais ça ne me plaît pas follement. Je sais le faire souffrir sans avoir à m'affubler d'une coiffe et d'une blouse blanches. Dieu merci ! Je peux le faire gémir sans le détour d'une obligation professionnelle.

Le Noël suivant, on m'offre une paire d'échasses et, là, c'est le bonheur ! Je déambule dans les rues à pas de géant. Les passants, en entendant ce martèlement de jambes de bois qui les talonne, se croient suivis par un infirme. Prêts à s'effacer avec considération, ils se retournent. Leur surprise à se retrouver dominés par une fillette me fait rire – une fillette tchanquée, comme les trois célèbres maisons de l'île aux Oiseaux... Je suis haute et rapide ; ça ne m'empêchera pas de redevenir toute petite et lente, plus petite que nature, demain, tout à l'heure, au printemps, quand je retournerai me baigner dans les vagues, me laisserai ballotter par elles, quand je reviendrai à ma grande étude de la vie minuscule des coquillages, suivrai du bout de la langue leurs concavités nacrées, leur joliesse torsadée, leurs ouvertures en éventail, et, pour vraiment comprendre, me glisserai dans la noire spirale d'un bigorneau.

En nage

Je dois avoir l'air fragile, ou bien ma mère projette sur moi ses angoisses. En tout cas, elle ne peut s'empêcher, dès que le temps fraîchit, de m'ajouter moufles, écharpe, bonnet, capuche, cagoule, pull-over. Et, en hiver, de me faire revêtir une première pelure contre ma peau, une de ces odieuses chemises de laine tricotées par ma tante Élodie. Ça gratte, c'est abominable (ma tante Élodie, dans ses travaux de tricot, va chercher ses modèles du côté du cilice). À l'école « libre » que je fréquente, petite, le règlement interdit le pantalon. L'uniforme est d'une veste bleu marine et d'une jupe plissée écossaise, pas de pantalons, pas de jeu trouble d'un sexe à l'autre (de même, on nous interdit de jouer aux gendarmes et aux voleurs. On ne passe pas comme ça d'une catégorie d'individus à une autre, surtout quand l'une d'elles est criminelle). Ma mère se désole. Elle ne comprend pas que, par « des froids pareils », on nous oblige à aller les jambes nues. Alors qu'elle-même est l'adepte par excellence des jambes nues.

Sous l'effet de tant de précautions, je suis régulièrement en nage – un état et une expression qui me répugnent.

Dans la plupart des sports, il faut s'harnacher, chausser des bottes, de lourdes chaussures, mettre des collants, des caleçons, des combinaisons, des jambières, des épaulières, des sous-cuirasses, des cuirasses, des casques, des grilles, des gants, des genouillères, se protéger les mâchoires d'écrans spéciaux, les yeux de lunettes teintées, de visières, se ceinturer les reins, s'encorder, se fixer des crampons, etc., pour la seule activité de nager, il suffit de se déshabiller.

Sans pouvoir l'expliquer, je vois un rapport entre l'habit d'infirmière et la manie de m'habiller trop chaudement.

La main qui bouge au fond de l'eau

Ce doit être déjà le mois d'octobre, et l'époque du lycée. À côté de ma serviette étendue sur le sable est posé non mon sac de plage, mais mon cartable de cuir brun, râpé à force de servir de contenant, de projectile, ou de bouclier. Je l'ai posé sur un tas de varech. De loin les deux se confondent. Comme si mon cartable était en varech, ou que les parcelles de savoir entassées dans le cartable étaient sans résistance face aux algues marines. J'ai quitté le lycée à toute vitesse, dévalé à bicyclette l'avenue Gambetta pour avoir encore le temps de me baigner. L'eau n'est pas chaude, mais elle a gardé quelque chose des températures de l'été. La mer et la plage sont vides. C'est marée basse, la plage est immense. J'entre dans l'eau toute concentrée sur mes sensations, le froid qui me donne envie de crier, la morsure de ces premiers instants, saisissants, qui ne font que mieux rendre sensibles la douceur de l'eau, son réchauffement proche. Quatre, cinq brasses et c'est parfait : la toute bonté de l'eau m'a gagnée. Confiante, je nage droit devant moi, l'horizon gris-bleu m'attire. Je me suis assez éloignée pour ne plus avoir pied. Je flotte, insouciante. Et, soudain, sans raison (ou peut-être pour mieux savourer ma merveilleuse aptitude à flotter), je regarde au fond de l'eau, alors m'apparaît, son poignet flexible pris dans le sable, une longue main blême dont les doigts se meuvent doucement. Je nage de toutes mes forces pour rejoindre le rivage. La main qui bouge au fond de l'eau me suit, elle va me rattraper. J'ouvre la bouche, m'étrangle.

Sur la rive, j'ai le cœur qui cogne. Je me couche sur le sable et suis submergée d'une peur si violente, d'une panique si parfaite, que j'en éprouve un bien merveilleux, un plaisir supérieur à celui que, par habileté instinctive et en toute innocence, je sais depuis longtemps m'offrir. Ainsi, me dis-je, les jambes molles, les cheveux ruisselants, sentant la fraîcheur du sable à travers le tissu éponge de ma serviette de bain, on n'apprend jamais complètement à perdre pied. Et je m'en réjouis.

L'été suivant, je vais danser au casino Mauresque. Je découvre la ville, la nuit. Le souffle des garçons, leurs lèvres sur ma peau. Après la danse, nous traînons dans les allées du parc, parmi ses fantômes et ses grottes, ses palmiers, ses bosquets de roses. Parfois, comme hypnotisés, nous retournons vers la grande salle illuminée, ses colonnades de marbre, ses arabesques et ses découpures en ogive, ses reflets d'or dans ses larges miroirs. Et puis nous allons nous caresser sur la plage. L'eau est plus noire que les plus noires des ténèbres, toute la clarté se réfugie dans la couleur du sable et dans les éclairs de nudité que nos mains, affolées, font naître. Chaque nuit, je voyage en Orient. Chaque nuit, je m'aventure plus loin dans un dédale de fièvre.

Par conscience religieuse, à l'approche du 15 Août, grande fête mariale et de la bénédiction des bateaux, je vais confesser mes « gestes impurs ». Le curé me demande d'être plus explicite et me sermonne par l'exemple de la Vierge Marie. Je reçois en pénitence vingt « Je vous salue Marie » à réciter. Je me mets à genoux, me transforme en moulin à prières : Je vous salue Marie pleine de grâce que le Seigneur soit avec vous que Jésus le fruit de vos entrailles soit béni… Une chaleur monte en moi au souvenir de gestes précis. Je fais le signe de croix, reprends l'allée centrale, souris au soleil du dehors, tandis qu'une voix me murmure : Peu importe au fond à quelles mains appartiennent les doigts qui te veulent du bien, qu'elles soient de toi-même, des hommes ou de la mer.

Nathanaël, je t'enseignerai la ferveur

Ma mère s'est levée. Elle a rangé ses affaires et pris son sac avec toujours la même rapidité et vivacité des gestes. Chez elle, la dépression ne produit aucun effet de lenteur. Elle me dit au revoir. Elle dit *ciao* pour *au revoir*, *hello* pour *bonjour*. Elle est déprimée, mais elle n'intériorise pas sa déprime. Être malheureuse ne cadre pas avec sa vision du monde. Au fond, elle ne gobe pas la tristesse, ni la sienne ni celle des autres. Et c'est pourquoi la colère l'emporte sur ses autres émotions. Je la regarde s'en aller. Elle foule le sable mouillé comme le sable sec de la même démarche qui ne s'enlise pas. Je me demande à quoi elle rêvait assise sur son îlot, les yeux tournés vers la mer. Au destin de grande sportive auquel elle s'était crue destinée ? Pendant des années elle s'est passé et repassé le court métrage muet de son fantasme de jeunesse. À force, il a perdu de sa netteté. De l'épreuve de natation qui la consacre championne, elle ne distingue plus aujourd'hui qu'un bouillonnement d'écume. En vérité, elle est incapable de se reconnaître dans la nageuse qui touche au but sous les acclamations du public.

Mais elle sait que la victoire est à elle grâce au sourire triomphant de son père, debout en train de l'applaudir. Au fil du temps, le scénario n'a pas changé, comme sa vie qui se répète, dépourvue de la moindre chance d'applaudissement. Qu'est-ce qui dans le quotidien d'une femme au foyer, dans les séquences toujours recommencées de ses activités, serait susceptible de provoquer l'enthousiasme ? Qui, au spectacle d'une ménagère en train de faire un lit ou de récurer la vaisselle, se mettrait à trépigner sur place et à crier *bis* ? Hélas, et c'est là où gît l'ironique cruauté de l'affaire, même si aucun *bis* réclamé par aucun spectateur est le lot muet qui accompagne ses travaux, la ménagère sait que dès demain elle devra recommencer. Répéter est son destin sans espoir d'une première.

Ou bien Jackie ne se passe plus le film. Elle a arrêté de rêver. Fixant le ciel, elle essaie de prévoir la météo et donc les possibilités et conditions de son bain du lendemain. Elle a rejoint la vie réelle, *sa* vie réelle, ce mince sillage aussitôt effacé que son corps de nageuse imprime sur l'eau.

« Il n'y a jamais rien de neuf dans mes journées », se plaint-elle. Je ne sais comment la convaincre du contraire. Je sens bien que la nouveauté n'arrive pas mécaniquement du dehors. Qu'il faut y mettre, pour qu'elle se manifeste et brise la monotonie apparente, un sens du détail, un goût de la nuance, une passion de l'instant. Les journées de bord de mer se succèdent comme autant de variations, parfois si subtiles qu'un observateur étranger, un voyageur pressé ou un esprit chagrin ne saisit pas les nuances. Pourtant rien ne se répète identique. Ni l'écart des marées, ni la couleur de l'eau, ni la forme des nuages – ni le frisson qui, lorsque je plonge, me traverse. La richesse de mes frissons, me dis-je dans des accès de lyrisme, est aussi complexe et ouverte à des développements imprévus qu'un lever de soleil.

Tout l'hiver, ma mère a couru d'un médecin à l'autre. À chaque visite, ils lui prescrivent des médicaments, davantage de piqûres, pilules, cachets, sirops, solutions buvables imbuvables. Ils n'admettent pas que cette femme, qui n'a rien pour être malheureuse, le soit. Certains lui en veulent, pensant à leur propre épouse, de trouver insupportable une vie ordinaire. Par ressentiment inconscient ou naïve croyance en l'efficacité d'un traitement à la mode, il en est un pour la recommander à un psychiatre de Bordeaux, lequel va la diriger sur une clinique afin qu'elle y subisse des électrochocs : on branche sur le crâne du patient ou de la patiente des électrodes et on envoie le courant. L'épilepsie comme remède à la dépression. Elle, tellement impatiente, doit souffrir les électrochocs. Elle revient, ralentie, le regard mort.

Elle maigrit, perd sa beauté. J'ai l'impression qu'une autre femme s'est substituée à elle. Et lorsque au printemps, sous un ciel léger, dans un air revigorant, il devient temps de tester l'eau du bout des pieds, puis au-dessus des mollets, enfin jusqu'à la limite critique et ultrasensible du haut des cuisses, elle déclare qu'elle est trop maigre pour s'exhiber, que cet été elle ira nager le soir, à l'abri des regards.

De mon côté, je vais nager de plus en plus tôt. L'eau a été refroidie par la nuit. La plage est nue. Le va-et-vient des humains n'a pas brouillé les fines empreintes des pattes d'oiseaux. Je fais attention, marchant vers la mer, à ne pas les effacer. Cette nage matinale dans un bleuté pâle, dans un silence seulement rompu par le passage d'une pinasse, me procure l'exaltation d'un exercice de volonté. Il me semble que mon avancée ferme et déterminée est la preuve physique qu'existe en moi un vouloir capable de s'opposer, de surmonter les obstacles et d'obtenir tout ce que je désire. Je suis en train de lire *Les Nourritures terrestres*. Gide m'exalte : je copie ses phrases dans mon carnet, les apprends par cœur. Je me répète :

Il ne me suffit pas de lire que les sables des plages sont doux, je veux que mes pieds le sentent.

Toute connaissance que n'a pas précédée une sensation m'est inutile.

Ne désire jamais, Nathanaël, regoûter les eaux du passé.

Nathanaël, jette mon livre ; dis-toi bien que ce n'est là qu'une des mille postures possibles en face de la vie. Cherche la tienne… Nathanaël, Nathaniel, dans mon ivresse, j'ai l'impression que Gide s'adresse au personnage qui a donné son nom à ma rue et que, selon un mystique rapport de voisinage, il m'inclut dans son message. Je sors de l'eau, galvanisée, avec la sensation de posséder en moi d'incroyables réserves de puissance. Une mine, mais que je vais utiliser seulement pour des décisions rares, irrévocables. Ces bains sont à l'opposé de mon style habituel, puisque ce que j'aime, c'est flotter dans l'indistinct, nager pour me dissoudre, ne faire qu'une avec l'eau qui glisse entre les doigts, avec le sable qui s'écoule. Par nature et par préférence, je suis dans le flux qui vous emporte, la dérive qui vous égare. Alors, les bains de langueur et de vagabondage devraient me satisfaire. Je n'ai pas de raison de me lever si tôt, la tête brûlée de préceptes. Je n'ai pas de raison de substituer des bains de ferveur aux bains de langueur. Si, j'ai une raison ou plutôt une intuition. Quelque chose me dit que le vagabondage, la disponibilité ne vont pas de soi, qu'ils exigent pour se maintenir une vigilance et impliquent une discipline.

Le dernier été

Un jour, par exception, ma mère arrive sur la plage dans l'après-midi. Et, comble d'exception, elle est en compagnie de mon père. C'est pleine mer, la plage est réduite à un étroit ruban de sable. L'eau, à peine agitée, est d'un vert profond. Ils s'assoient côte à côte. J'étais allongée plus loin en train de me sécher au soleil, ils ne m'ont pas aperçue. Je vais pour me rapprocher d'eux. Je saisis au vol ces mots prononcés par ma mère : « Je n'en peux plus. » Je m'éloigne aussitôt. Je ne veux rien entendre de son désespoir. À la façon des médecins qui la considèrent comme une malade imaginaire, une petite fille gâtée souffrant de vapeurs, je n'ai pas de sympathie pour ses tourments. Moi non plus, je ne veux pas admettre qu'une vie normale a de quoi vous pousser aux extrémités – je ne veux pas l'admettre *pour elle*, tout en me promettant à moi-même de ne pas tomber dans le piège. Je les salue rapidement et vais faire un tour sur la jetée. La jetée, pour moi, est toujours aussi immense que lorsque j'étais toute petite. À mes yeux, elle s'avance loin sur la mer. Aller faire un tour sur la jetée, c'est prendre ses distances, pas aussi bien qu'en bateau mais presque. J'ignore ce que mon père a pu répondre et même s'il a répondu : Il n'a pas les mots pour sa propre détresse, comment en trouverait-il pour consoler ? En me retournant sur eux, je les vois qui entrent ensemble dans l'eau.

C'est le dernier été à Arcachon. Et, pour mon père, *son* dernier été. Il va mourir le 2 janvier de l'année suivante. Une mort prématurée, puisqu'il n'a que quarante-trois ans, mais physiologiquement explicable selon le communiqué, incompréhensible, de la clinique. Il n'y aurait rien à ajouter, aucun motif de se révolter. C'est triste, mais c'est la vie. Et la vie comprend la mort, il faut être fou pour le nier. Eh bien, je suis folle. Je crois que la vie, la vraie vie, ne veut pas de la mort, d'aucune façon, sous aucun déguisement. Elle est son ennemie absolue. Le Sable et la Mer, sans doute, étaient faits pour se réconcilier, mais pas la Vie et la Mort. Entre les deux, il n'y a pas d'arrangements possibles, pas le moindre petit pont. Une fois engagé dans l'allée sans nom, une fois passé le fleuve obscur, c'est sans retour… Je crois, moi, qu'il y a tout motif de se révolter, de propager sa plainte jusqu'au-delà de l'Océan, de hurler dans le désert du Ciel qu'il n'existe pas de mort naturelle. Je le crois, j'en suis persuadée, mais mon père, ce jeune mort, m'a légué pour héritage le silence. C'est de cette matière mate et sourde, de ce tombeau d'avant l'heure, que je dois extraire mes propres mots, effectuer, homonymes et synonymes réunis, la lente percée de mon langage. C'est dans la ruine des sables et l'impossibilité à dire que je dois chercher ma force.

II. D'autres rivages

Rêve

Ma mère, jeune, vers quarante ans. Son âge quand elle arrive sur la Côte d'Azur. Elle est d'abord une silhouette sur une carte postale, puis, sans transition, une personne réelle qui se tient devant la fenêtre dans ma chambre à Paris. J'ai peur de la prendre dans mes bras.

Déménager

Devenue soudainement veuve, Jackie reprend son métier de sténodactylo (sans les extravagances gymnastiques de ses débuts), mais surtout elle se dispose à quitter Arcachon. Avec un sens de la décision et de l'organisation que rien jusqu'alors n'a annoncé, elle prend en main les opérations. Elle met en vente la maison de l'avenue George-VI, où ils venaient d'emménager. Elle se débarrasse, soit par le feu, soit en faisant appel à des brocanteurs, soit, carrément, en balançant les choses à la poubelle, de valises pleines de vieux papiers, documents périmés, photos, vêtements usagés, et d'un tas de petits meubles et bibelots. Elle jette aussi des malles datant d'un temps où les bagages étaient intransportables (vides, ils pesaient des tonnes). Elle se libère avec la même ardeur, la même soif de changements, aussi bien de ce qui lui est indifférent que de ce qui lui fait, selon son expression, « trop de peine », tels le journal de guerre de Félix ou les innombrables aquarelles peintes par lui – bord de mer dans toutes ses lumières, vol de goélands, variations sur le jaune sable, mirages des cabanes tchanquées, pommes de pin, gerbes d'ajoncs, ciels bas de sa jeunesse en Bretagne, chapelles et reposoirs... La Grande Poupée n'échappe pas à la débâcle. Ses broches, ses souliers de cuir blanc à bride, ses nœuds dans les cheveux, n'en parlons pas ! Souvent, au fil de mes voyages, dans mon goût pour les marchés aux puces, et surtout pour les étals de jouets et poupées abandonnées, dont certaines, un œil fermé, un poignet cassé, la perruque décollée, font pitié, je songe que la Grande Poupée, l'ancêtre de mes poupées et des poupées de ma mère, de ma grand-mère Eugénie et de mon arrière-grand-mère Zélie, la poupée qui s'était efforcée de m'indiquer, au-delà de l'éblouissement du Présent, l'impensable des années et des siècles, la Poupée du Temps, donc, se trouve peut-être parmi elles, ses compagnes d'abandon, couchée comme elles sur un bout de couverture, le couvercle d'une caisse, des feuilles de papier journal, ou à même le sol, au risque d'être piétinée, mais si abîmée, salie, défigurée, mutilée même, que je ne la reconnais pas. Parfois, je reviens sur mes pas et, contre toute vraisemblance, j'examine de près la poupée de chiffon aux cheveux de laine jaune et aux joues colorées d'une pastille rouge, la petite violoniste aux pantalons « petite fille modèle », la poupée maigre, noire d'ébène, en équilibre sur un égouttoir, et dont les tresses serrées se dressent sur sa tête, ou celle d'Amazonie, faite de fils torsadés, et qui, sous ses paupières baissées, suit l'emprise de son pouvoir sur une gamine rêveuse. Je sens leur regard, leur présence tremblante du désir de se réanimer. Je perçois, palpitante, à travers leur destin cabossé et des éclats de beauté miraculeusement conservés, l'histoire qu'elles furent empêchées de poursuivre, l'enfance dont elles furent chassées, et qu'à tout moment, avec une sûre souplesse et une admirable désinvolture à l'égard de leur période de bas-fonds et de trafics miséreux, elles sont prêtes à réintégrer.

Jackie n'est pas dotée de la carapace de résistance des poupées malmenées. Sur le point de s'en aller, elle est jeteuse et oublieuse un maximum, mais c'est loin de couvrir l'entièreté de ses années d'Arcachon. Elle est à la fois dépourvue d'attachement pour ce qu'elle quitte *et* bourrée de regrets, décidée *et* désolée. De même que souvent les gens redoutent d'autant plus de mourir que leur existence est misérable, de même elle quitte la ville de sa vie de femme mariée en pleurant. Pleurant sur un amour gâché, considérant dans la stupeur et la désolation ce maléfice qui tient étroitement unis, bien que par l'incompréhension, des couples aussi incapables d'être heureux ensemble que d'envisager une rupture. Comme si l'incompréhension était une forme de ciment entre les êtres. Une substance opaque dans laquelle ils se débattaient chacun pour soi. En cette agitation aussi pénible que stérile les hommes ont tendance à s'enferrer dans le silence, tandis que les femmes s'affolent dans le non-sens, disent n'importe quoi, tout en étant conscientes d'exaspérer leur partenaire, le Taiseux Supérieur, de provoquer un peu plus son mépris et, dans le même mouvement calamiteux, de creuser davantage le fossé qui les sépare et les attache. C'est donc en sanglotant que ma mère effectue son départ. Elle se montre à la fois baignée de pathétique et efficace. Elle allège autant que possible son bagage. Le résultat aboutit malgré tout à un déménagement conséquent. Le cœur hésitant entre un flou larmoyant et un soulagement réel (quoique inavoué), elle boucle les cartons, surveille les déménageurs. Sur sa destination, elle n'hésite pas. Elle s'enfuit de la Côte d'Argent pour s'établir sur la Côte d'Azur, troque le cap Ferret contre le cap Ferrat. Elle quitte Arcachon pour Menton. Une station balnéaire pour une autre, deux enclaves particulièrement protégées. Dans sa quête de vacances illimitées, elle pense avoir trouvé nettement mieux. En ce sens, elle partage la conviction que prête Flaubert à Emma Bovary, insurpassable héroïne de l'ennui conjugal et de l'indécision chronique, du narcissisme sentimental et de l'amour rêvé. Jackie croit, elle aussi, que le bonheur est une plante qui prospère sur certains sols et dépérit sur d'autres. Dans le sable arcachonnais, un terrain où quasi rien ne s'enracine, sa culture n'a pas réussi. Il lui faut donc chercher un sol plus fertile. Il s'agit de découvrir la bonne région, ou plus exactement le bon rivage. Car elle est sûre qu'il est plus aisé de découvrir le bonheur quand on vit auprès d'un rivage. Elle sait désormais que ça ne suffit pas. Mais c'est un élément indispensable.

Étrangement, dans ce choix par lequel elle tourne le dos à Arcachon, elle répète, à quatre siècles d'intervalle, la trajectoire de son fondateur, cher à mon grand-père, frère Thomas, l'ermite tourmenté, lequel, après le miracle du sauvetage de Marie et son enfant, était retombé dans un marasme encore pire et avait décidé de partir. Il avait quitté la Côte d'Argent pour la Côte d'Azur, le bassin d'Arcachon pour l'anse de Menton, l'esseulement d'une poignée de marins et de pâtres parlant à peine gascon pour la société de Monaco et de sa cour, où il pouvait à nouveau, et en italien, tonner contre les vices des riches et les abus des puissants. Comme lui, mais sans invoquer la Parole de Dieu, elle se guide sur son instinct de vie.

Jackie se débarrasse de ce qui lui « fait trop de peine » (sans oser l'exprimer, elle est adepte du nihilisme qui voudrait que la mort des êtres soit suivie de la destruction des choses), elle conserve ce qui lui rappelle les moments heureux, l'insouciance. Elle glisse dans son bagage personnel, et non dans le camion des déménageurs, un album de photographies à couverture de cuir grenat (dans le même esprit, elle ne garde pas mes bulletins scolaires mais conserve mon carnet de chansons, un petit carnet jaune, à spirale, sur la couverture duquel j'avais inscrit mon prénom *Chantal* qui contient le mot *chant* comme *libertinage* contient le mot *nage*, et dessous, cette adresse qui me semblait suffisante : *Arcachon, Gironde*). En première page de l'album de photographies est écrit en blanc sur le cartonnage sombre découpé de fenêtres où glisser les images : *Sport, Vacances, Joie, Soleil.* Les mots dans l'écriture penchée et soigneuse de Félix sont soulignés d'un trait tracé à la règle. Il y a quelque chose d'un programme dans cette entrée d'album. Un programme lumineux. Et ce n'était pas à l'écriture anarchique, hâtive, gribouilleuse de Jackie de le rédiger. D'ailleurs, elle n'écrirait pas sur un support aussi noble. Son écriture est chaotique et désordonnée, peu lisible par les autres ; qu'importe, puisqu'elle note pour elle-même et sur des morceaux de papier déchirés (et presque aussitôt égarés) des pense-bêtes, des bouts de listes, un rappel à son intention.

Sport, Vacances, Joie, Soleil : Voilà d'où elle reprend le programme interrompu. Avec de sérieuses restrictions sur le sport, puisqu'il ne s'agit plus, en fait, que de natation, mais par l'étrange ferveur qu'elle y met, elle va bien au-delà d'un simple engagement sportif, et désigne comme vides, mécaniques, interchangeables d'autres sports possibles et par elle déjà pratiqués et abandonnés.

Un an plus tôt, alors qu'elle « voyait tout en noir », elle m'avait offert d'aller passer une semaine à Nice, afin que j'expérimente l'équation : soleil + beauté = joie. C'était au mois d'août. La plage de Nice, après les plages de sable de l'Océan, m'a accablée. Pour voir l'eau je me mettais au plus près du bord, devant la foule amassée dans mon dos. Là où les galets tombent en pente. J'avais l'impression d'être prise dans leur chute. La restriction de l'espace s'aggravait de l'épreuve de marcher pieds nus sur les galets. Je découvrais non un registre supérieur d'éclat dans le bonheur mais une plage impossible, sans surface où s'allonger, s'étirer, sans douceur où se lover. Le bleu intense et comme vernissé de la mer était magnifique, mais d'une splendeur qui m'excluait du tableau. Cette beauté si pleinement extériorisée ne ménageait pas d'abri. La demi-teinte n'appartenait pas à son registre. Les corps plus exposés, la franchise du sexe achevaient de me sidérer. Je demande à un monsieur « où se trouve la banque la plus proche ? », il me répond : « Vous voulez combien ? ».

À travers ce court séjour, Jackie ne faisait aucun plan pour elle-même, elle ne rêvait pas son évasion (elle, si complètement dépourvue de malveillance, n'aurait jamais eu la méchanceté de souhaiter la mort de son mari ni l'énergie absurde de songer à un déménagement avec lui) ; cependant, rétrospectivement, il m'apparaît évident qu'elle m'avait envoyée en éclaireuse, à la fois pour que je lui rapporte un peu de lumière arrachée à l'Azur et pour que je parcoure des rues, m'assoie dans des parcs, marche sur la promenade des Anglais à sa place, portant sur tout ce qui m'entourait un regard enchanté.

Cartes postales

Jackie a choisi Menton, une petite ville originellement italienne située à la frontière même. Une ville oasis au creux d'une anse, une cité dont la partie ancienne, où dominent les ocres rouges et les jaunes safran, s'étage en amphithéâtre au-dessus de l'immensité bleue de la Méditerranée. Elle émigre à la limite extrême de la France, presque en Italie, en Italie déjà, dans sa musique, ses couleurs, ses saveurs, son art de l'abondance et de la surabondance. Elle a laissé derrière elle les rues mortes et le noir du deuil, les paysages monochromes où se condensait la monotonie de sa vie. Elle emménage dans la résidence « Les Aloès ». La colline qu'il faut monter pour y parvenir n'est qu'une suite de jardins débordant de grappes violettes des bougainvillées, de fleurs d'hibiscus et de feuilles d'acanthes, de jasmin et de citronniers couverts de fruits. En plus des eucalyptus et des oliviers, des aloès, en effet, poussent autour de la résidence.

De mon côté, je suis partie vivre à New York, dont la révélation m'est advenue au cours d'une escale entre Lima et Paris. Avec ma mère nous communiquons par

159

cartes postales. Je lui envoie des images de Central Park sous la neige, de l'Empire State Building ou du World Trade Center contre un ciel de soleil couchant (quant au World Trade Center, je précise que j'y enseigne le français au 67e étage dans une école de langue spéciale pour businessmen qui n'ont ni le temps ni l'envie d'étudier ; sur les cartes postales de Washington Square je pourrais aussi indiquer que j'y dispense non loin, dans East Village, quartier ignoré des photographes, les beautés de la langue française dans les appartements surchauffés de poètes américains ou sud-américains bien alcoolisés, chez l'un d'eux, « j'enseigne », en me balançant sur un hamac et sur fond de tangos d'Astor Piazzolla). Elle me poste des vues de ruelles pittoresques et de façades baroques, la porte Saint-Antoine, l'esplanade de galets de l'église Saint-Michel, les figures grotesques des chars entièrement constitués d'agrumes de la fête du Citron et, sous tous ses angles, la statue allégorie de la Musique du jardin du Casino. Cette chance d'avoir trouvé les cartes postales, enfin un moyen de communication entre nous ! Nous nous écrivons dans une euphorie de commencement et sur un ton qui n'a rien en commun avec ce qui précédait – et sans doute, pensai-je, avec ce que chacune de nous éprouve actuellement. Difficile d'avoir des états d'âme qui ne soient que le reflet d'un azur de carte postale. Comme Jackie est toujours aussi pressée (je la soupçonne de griffonner ses missives au coin d'une table de café, sur ses genoux ou même, pourquoi pas, en pleine rue, sur l'appui de la boîte aux lettres qui va les avaler), son écriture frôle l'illisible. Elle est d'un désordre qui semble se nourrir et s'enrichir de la luxuriance quasi tropicale de son nouveau lieu. Une fois l'adresse rédigée, il lui suffit de déverser sur la carte une chaude pluie de baisers et celle-ci est remplie. Il ne reste guère de place pour d'autres mots. Inutile qu'elle se lance dans un essai de description de ses journées et encore moins d'introspection. Un soupçon d'humidité pour coller le timbre, et voilà ! Le lien entre nous deux peut aller son petit bonhomme de chemin. La distance géographique lui profite. Et en recevant en moyenne une fois par mois ma belle ondée de bises sans que jamais une phrase de conséquence n'émerge, une phrase faite de mots choisis, de termes pesés qui correspondraient de la manière la plus juste au sentiment qu'elle voudrait me communiquer, je comprends pourquoi la sténo, cette technique pour transformer le langage en un code plus rapide à transcrire, lui plaisait tant. Dans son métier de dactylo, c'est ça qu'elle aimait : attraper au vol sous la dictée des phrases réduites à quelques signes commodes. Elle y excellait. Comme dans ses courses solitaires de jeune nageuse, elle était tenue par l'idée de battre un record de vitesse. Ses baisers, condensés d'écrits dont elle économise ainsi la lente formulation, me semblent une forme de sténo. Ils me satisfont. Dans le jeu symétrique de nos envois, ils me permettent de rester, comme elle, à un niveau d'échange facile, à perpétuer le registre d'évitement grâce auquel l'histoire bancale entre nous reste non dite, incertaine, susceptible de changements.

Ma mère est l'anti-marquise de Sévigné, et c'est tant mieux, me dis-je en extrayant de l'étroite boîte à lettres métallique de mon immeuble sa dernière carte postale. Qui voudrait être à la place de Françoise-Marguerite, comtesse de Grignan, fille de la fameuse épistolière ? Ce déploiement indécent dans la possessivité maternelle ! S'il s'agit vraiment de cela, plutôt que du seul moyen dont dispose la marquise pour manifester sa virtuosité stylistique et donner libre cours à un génie littéraire dont l'apanage est réservé aux hommes… La marquise, quant à elle, ne se pose pas la question. La confusion entre le besoin d'écrire et celui d'écrire *à sa fille* lui est bénéfique. Sa plume danse. Dans sa fougue de mère et d'écrivain, elle envoie deux ou trois fois par semaine des lettres de dix à trente feuillets (ma boîte aux lettres, de toute façon, ne saurait les contenir). J'imagine la destinataire, la comtesse de Grignan, mariée à un homme plus âgé, déjà deux fois veuf, sans doute syphilitique et assurément bourré de dettes. Il l'a conduite dans ce château de Grignan, qu'on appelle le « Versailles de la Provence » ; et cela, loin de la flatter, l'atterre, elle qui, de mèche avec sa mère, s'était vue destinée à devenir la maîtresse de Louis XIV. Le Versailles d'un pays de gueux, songe-t-elle en faisant fermer les fenêtres contre le mistral et souhaitant que ce vent maudit l'enlève. Mais non, il n'a même pas réussi à faire s'envoler le dernier courrier de sa mère. L'enveloppe est là, posée sur son secrétaire. Elle hésite, se décide à l'ouvrir. « Faner est la plus jolie chose du monde », lit-elle. Mais bien sûr ! Et semer, sarcler, labourer, tuer le cochon, ce n'est pas mignon ? Ou bien, elle est encore une fois enceinte : « Mon Dieu, ma bonne, que votre ventre me pèse ! et que vous n'êtes pas seule qu'il fait étouffer ! », lui mande sa mère dans une empathie irréfrénée. La marquise se vit en symbiose avec le corps de sa fille dans sa perfection comme dans ses avatars de femme bientôt abîmée par une suite de grossesses. Elle se retire sans ménagement si Françoise-Marguerite semble prête, à son tour, à se comporter en mère : « Votre fils a été trois heures sans pisser. Vous étiez déjà tout épouvantée : Ah ! vraiment, vous voilà bien plaisante avec votre amour maternel : quelle folie ! est-ce qu'on aime cela ? » Françoise-Marguerite a été rappelée à l'ordre. L'amour maternel au degré où le situe sa mère n'est pas chose transmissible : « Dieu me fasse la grâce de l'aimer un jour comme je vous aime ! », lui écrit-elle.

Le mistral est tombé, la campagne est immobile, figée dans le chant oppressant des cigales. La comtesse de Grignan fait quelques pas pesants vers son secrétaire et dépose les feuillets avec tous les autres dans un tiroir où ils attendent d'être réunis en volume... Tandis que moi, assise sur les marches de mon immeuble d'East Village, au 342 East 9th Street, je tourne et retourne la carte entre mes doigts. Tantôt côté photo, tantôt côté baisers, et j'en suis tout égayée, car les baisers, la pluie de baisers de ma mère, sont issus d'un amour absolument sincère, où n'entre pas une ombre de narcissisme ni de calcul. Il fait déjà chaud malgré l'heure matinale. Le ciel est brumeux. La moiteur de l'air me fait l'effet sur la peau d'un lait de douceur. Je regarde les gens commencer leur journée, marcher vers le métro d'Astor Place (ainsi nommé, selon mon élève argentin, volontairement ignorant du richissime homme d'affaires et militaire John Jacob Astor, en hommage au musicien Astor Piazzolla, dont l'enfance s'est déroulée à quelques rues de là). Nulle part ailleurs, me dis-je en jouant avec ma carte de Menton, on marche avec autant d'énergie, on se propulse avec autant d'allant. Ils marchent de même le soir, avec quelque chose d'un peu plus saccadé, peut-être pour chasser la fatigue et ses tentations de renoncement et qu'avec la nuit, une fois le travail terminé, se lève le rideau sur le second acte, celui promis au plaisir. Je porte à nouveau mes yeux sur la carte postale, le bleu turquoise de l'eau, le bleu plus léger du ciel : c'est ma mère maintenant que je vois s'avancer de sa démarche à la fois pressée et souple, une démarche qui donne envie d'admirer ses jambes, une démarche de jeune fille. Ses sandales exposent ses pieds bronzés. « Hello ! », dit-elle en m'apercevant. Et, sous ses pieds nerveux qui se posent à peine, le bleu – ciel et mer – lui fait un tapis élastique. Elle m'a écrit : « Mille tendresses, après un bain formidable au cap Martin. L'eau t'attend. Ta Maman. »

L'eau m'attend. Ici aussi, à Manhattan, l'île où j'ai atterri pour un printemps ou pour plus longtemps, la mer m'attend. Elle est toute proche. Chaque jour, en fin de matinée, après mon cours de langue française à New York University, je prends la ligne A pour aller me baigner. À Rockaway Park-Beach 116th Street tout le monde descend avec une mine d'excitation rare à un terminus de métro. Mais, bien avant l'arrêt final, les voyageurs de cette ligne se distinguent des habituels usagers des transports en commun. Ils n'ont rien de la fatalité qui les caractérise. Munis de lunettes de soleil et de parasols, de sacs de plage, de glacières, de chapeaux et de postes de radio, ils trépignent. Des Portoricaines, leurs paniers de pique-nique dans les bras, dansent sur place. Et dès que le train stoppe au bord de l'eau, on se bouscule pour sauter à quai. C'est à qui atteindra le premier la mer, à qui atteindra avant les autres l'instant éblouissant, quand sa brillance annule la couleur et que dans l'éclat de midi, fendant ses vibrations brûlantes, j'ai l'impression de courir plonger dans le soleil. Moi aussi j'ai chapeau, lunettes, sac de plage, mais moi seule j'ai, déposés dans mon sac sur ma serviette qui leur fait coussinet, les travaux de mes étudiants et le merveilleux petit livre élu pour ce cours, *Les Exercices de style* de Raymond Queneau. J'ai dépassé le groupe des citadins échappés des puits d'asphyxie des rues coincées entre les murailles de gratte-ciel et de la ventilation des fumées qui, par endroits, à Manhattan, montent du sol comme si la ville était bâtie sur un volcan, et ce n'est qu'une question de secondes pour que, rien qu'en délaçant la ceinture, ma jupe indienne glisse à mes pieds. J'avais mis mon maillot de bain le matin. Je décroche d'un coup de cheville, sans me baisser, mes fines chaussures au talon enduit de goudron : il fait tellement chaud que, dans les rues, le revêtement de goudron fond et qu'il faut en extirper ses chaussures engluées dans cette liquéfaction. Je suis prête et comme enivrée par la soudaineté de mes retrouvailles avec l'air marin. Les vagues sont longues et douces. Ce sont elles qui me donnent le rythme, le ton paresseux et rêveur de cette baignade. Rêveur surtout, et je me rappelle, m'éloignant et détournant mon regard de l'horizon flamboyant pour le diriger vers la lisière des dunes, mon émotion à ma première visite, au printemps, à une plage de l'Océan. C'était à Fire Island. Avec un ami, après un trajet en train puis en ferry, nous avions pris un chemin de sable entre les dunes blanches. Il y poussait des herbes sèches, des oyats, et j'avais retrouvé les fleurs rosées des ronces des bois. La magie de leurs pétales rose pâle m'avait immédiatement restitué mes plages. J'étais à Fire Island ou sur un chemin de sable du cap Ferret et je me dirigeais vers le même Océan. Ce jour-là, il m'était apparu dans la clarté vive qui nimbait toute chose que ça n'avait pas de sens pour moi de retourner à Arcachon, puisque c'était par les paillettes de lumière et de beauté qui continuaient d'en irradier que se dessinait toute chose.

Séduire

Lorsqu'au mois de septembre, non sans avoir beaucoup hésité, j'ai quitté New York en pleine volupté de l'été indien pour aller rendre visite à ma mère sur sa colline fleurie, j'étais dans l'appréhension. Crispée comme elle seule sait me crisper. Mes hésitations ont repris dans l'avion. Au départ, à peine l'appareil décollé, j'aurais voulu faire marche arrière. À travers le hublot, mon regard pouvait distinguer presque un à un les solides buildings de Riverside Drive le long de l'Hudson River, leurs fenêtres éclairées suggérant des intérieurs cossus aux ancrages bourgeois, des existences régulières (l'inverse de cette atmosphère de dureté et de misère, d'intensité dans les causes perdues qui se dégageait d'East Village et me captivait). À peine étaient-ils apparus qu'ils étaient déjà effacés et, quand ce fut de la côte même et du festonnement blanc de ses vagues que l'avion s'est éloigné, j'ai eu un moment d'accablement. Pourquoi ne pas nous en tenir, ma mère et moi, à la communication par les cartes postales, puisque nous avions enfin trouvé un type d'échanges, à la fois poétique et affectueux, qui nous satisfaisait ?

Mais le vol avait pris son ronronnement apaisant et dans la nuit étoilée, désormais mon paysage, incertitudes et craintes se sont abolies.

À ma surprise, la jeune femme qui m'ouvre la porte et, dans un cri de joie, me serre dans ses bras, est tout à fait en accord avec les photographies et avec la sténo de ses cartes postales, leurs guirlandes de baisers. J'avais eu, à Arcachon, le sentiment que, jour après jour, une femme différente s'insinuait en elle et tentait de se substituer à la jeune fille qui, pour la première fois, avait mis ses pieds sur la plage, délacé ses espadrilles et regardé la mer en inspirant une pleine bouffée d'air iodé. Et à l'égard de cette femme « différente », produit de l'ennui et de la déception, cette inconnue prématurément vieillie, toujours au bord de la mauvaise humeur et de la colère – sa manière de nous indiquer que pour elle la ronde des saisons s'était arrêtée de tourner et qu'elle demeurait écrasée sous le ciel bas d'un éternel hiver –, j'avais pratiqué une indifférence systématique, ou, du moins, j'avais essayé.

La jeune femme radieuse, élégante, non plus maigre mais fine, aux cheveux bruns bouclés qui m'accueille aux Aloès m'est étrangère elle aussi – et peut-être davantage car la métamorphose fut rapide et elle s'est accomplie à mon insu, mais c'est une étrangère charmante. Elle porte des anneaux d'or en boucles d'oreilles et une grosse broche sur un chemisier à losanges jaunes et violets. Le style du Sud imprègne toute sa personne. Elle est belle, séduisante. Et je suis prête à me laisser séduire. Je ne suis pas la seule.

Jackie a appris à conduire, découvert les cinémas et les concerts, les pauses aux terrasses en bord de mer. Elle se laisse draguer en riant, mais, une fois rentrée chez elle, à l'appel du monsieur tout à l'heure si attirant (car elle n'hésite pas à donner son numéro de téléphone), elle se ressaisit, invente n'importe quel prétexte. Elle ne veut pas se remarier, ça non, *à aucun prix*, et ne cherche pas vraiment une histoire. Elle a peur des complications, elle pressent d'autres possibilités de prison : après l'ennui, la passion. Elle a sans doute peur aussi, elle qui n'a jamais connu que son mari, d'une nudité inconnue. Elle se dérobe. Je suis en train de lire, j'entends, entre les phrases de Colette ou de Dostoïevski (et cela détonne moins avec *Claudine s'en va* qu'avec *Les Frères Karamazov*) :

— Pardon, mais aujourd'hui je ne suis pas en forme. Je suis une femme fragile, vous savez (*rires*). Bien sûr, je vous en prie, rappelez-moi dans les jours qui viennent. C'est vrai, il y a quelque chose d'unique, de mystérieux, qui passe entre nous (*et elle raccroche*).

— Ce serait volontiers, mais hélas je dois m'occuper de ma mère. Non, Maman n'est pas si âgée que ça. Elle m'a suivie sur la Côte d'Azur. Il est normal que je prenne soin d'elle. Demain ? Hélas, non. Demain j'ai rendez-vous avec mon avocat.

— Vous voulez parler à qui ? Je ne vois pas, pas du tout. Vous faites erreur, monsieur (*elle raccroche, et me regarde comme si elle me prenait à témoin de la folie des hommes*).

Mais parfois, aussitôt le téléphone posé, elle entre dans des affres de regret. Et si c'était lui l'Élu. L'homme qui doit l'emmener au pays du Bonheur. Une rage ancienne remonte en elle. Une envie de tout casser. Elle appelle sa mère, installée au pied de la colline. Sa voix chaleureuse, son rire lui font du bien. Ensemble, elles se moquent du séducteur éconduit et la chose est dite. Jackie va se regarder dans une glace. Elle se remet du rouge à lèvres, ébouriffe ses courtes boucles. Elle se sert un verre de Cinzano blanc, qu'elle est allée acheter à Vintimille (elle adore ces petites excursions italiennes) et s'assoit sur son balcon. Dans la douceur du soir les monts de l'arrière-pays lui offrent à déchiffrer un ensemble d'oliveraies et de prairies, de cultures en terrasses, de bergeries. Elle croit même apercevoir, en hauteur, les taches blanches des moutons. Et le berger, est-il visible ? Sa vue n'a pas l'acuité suffisante. Ces choses-là, lui dis-je, dépendent d'une disposition intérieure. Si dans ses pensées elle leur offre à l'avance une place, sans toutefois s'obséder – évidemment l'équilibre est délicat –, alors tout est possible.

– Je ne demande pas que tout soit possible. Je demande l'amour. Ce n'est pas le diable, que je sache !

Juste alors le téléphone sonne. « Quelle bonne surprise ! Je ne vous ai pas du tout oublié. Je ne vous ai pas rappelé parce que j'ai beaucoup de soucis. Les hommes ne se rendent pas compte de ce qu'une femme seule doit affronter. » Il a appelé au bon moment. « Danser, oui, avec plaisir ! » Elle se remaquille en deux minutes et s'empresse de rejoindre l'inconnu, berger ou prince charmant. Un homme d'affaires, en fait. Un gros homme antipathique, mauvais danseur de surcroît, qui l'a entretenue toute la soirée de questions d'immobilier. Celui-là, pour sûr, elle ne le rappellera pas ! Il en est d'autres qui pourraient lui plaire, qui peut-être lui plaisent, mais elle a découvert le plaisir supérieur de dire *non*.

Elle est en train de devenir la reine des Décevantes. Elle s'est aperçue que jouer avec le désir des hommes est excitant, toujours nouveau. Sans doute pas tant le scénario ni la banalité des phrases échangées que cette sorte de pétillement dont elle se sent soudain animée, un appétit de vivre vorace et sans objet précis, un émoi à croiser son propre reflet. L'euphorie qui monte en nous aux premières gorgées d'un alcool, elle l'éprouve en ces rendez-vous de fortune. D'un instant à l'autre, par la grâce d'un regard désirant, elle rayonne, ne fait qu'un avec la Beauté – non la beauté classique, mais celle qui se corse d'un je-ne-sais-quoi capable de rendre fou. Jackie devient une adepte de la première rencontre, une accro de la romance, quelques notes d'ouverture et elle se pose sur un nuage rose. Et c'est merveilleux à condition que ça ne se concrétise pas. Elle est une artiste de la rencontre sans lendemain. Un petit tour – brillantissime – et puis s'en va.

Qu'elle cherche un homme, rien de plus certain. Qu'elle ne fasse pas ce qu'il faut pour le trouver, c'est manifeste. Au point qu'elle modifie sensiblement son comportement. Elle laisse un peu ouvertes les chances du soupirant ; juste un peu mais cela change tout. Les choses maintenant ne s'arrêtent pas à la première rencontre et elle ne compte plus seulement sur le hasard. Elle s'est inscrite à une agence matrimoniale à Menton. Puis elle a eu envie d'agrandir son champ d'action, Nice, Cannes, et jusqu'à Aix-en-Provence. Ainsi, dit-elle avec une rouerie inconsciente, je vais faire des rencontres sérieuses. Elle s'applique dans le choix de ses photos et dans la présentation écrite d'elle-même. Je l'aide dans l'écriture de son portrait : grande sensibilité, goûts bohèmes – excessif ? –, goûts artistes, expansive, gaie, aime les voyages, elle ne s'attarde pas sur ses expectatives, mais soigne l'énoncé de ses traits de caractère les plus marquants. Elle s'annonce tout de suite fantaisiste, car elle panique à l'idée de retomber dans les ornières d'un train-train conjugal. Des dames aux allures bourgeoises (il est important qu'on ne puisse pas les confondre avec de vulgaires maquerelles) lui présentent des hommes, surtout des veufs ou des divorcés. Manque d'intuition de leur part, Jackie est souvent mise en relation avec des professeurs et c'est, à chaque fois, catastrophique ; alors qu'elle est aussitôt attirée par des artistes, avec une préférence pour les peintres, en grand nombre sur la Côte d'Azur. Elle a envie de tomber amoureuse et plusieurs fois le croit, mais elle se ressaisit dès que le monsieur, souvent un veuf récent terriblement affligé et déboussolé par le décès de son épouse, a des projets de remariage. Il ne sait pas vivre seul. Il n'est même pas capable de se préparer son petit déjeuner. Il l'aime. Il veut l'épouser. Elle se débat et en oublie même les règles de la coquetterie, dont la première : veiller à toujours maintenir le désir, ne jamais mettre un point final à l'aventure. Le mariage est exclu, en plus de la crainte d'être renvoyée à la case « femme au foyer », il y a celle de devoir s'occuper d'un homme vieilli, bientôt malade peut-être, qui la transformerait en infirmière. À nouveau, le personnage prétexte de sa mère intervient, avec l'invention d'une suite infinie de maux dont celle-ci, qui est la santé même, serait percluse. Jackie se décommande, n'appelle pas quand elle l'a promis, ne vient pas aux rendez-vous. Et comme, sauf lorsqu'elle est confrontée à une demande en mariage aussi directe que pressante, elle ne parvient pas à s'expliquer noir sur blanc, elle se trouve prise dans une multiplicité d'intrigues, poursuivie par des messieurs esseulés, lesquels, à leur propre étonnement, et sous l'effet de sa gaieté, se sentent renaître au plaisir de vivre. Ce qu'elle avait souhaité du fond de ses années de dépression se réalise : elle est invitée au spectacle, au restaurant, au casino. Elle fréquente les thés dansants.

La fillette aux citrons

La coquetterie est une activité prenante, mais Jackie ne se laisse pas absorber complètement. Elle garde le plus clair de ses matinées pour aller nager, y retourne avant le dîner. Elle me fait partager ses lieux de bain, les Ponchettes, la plage du Casino, prolongement marin des jardins, et, j'en conviens avec elle, le plus extraordinaire, là où la mer est translucide, du bleu liquide d'une pierre précieuse : le cap Martin. Les bains y sont purs délices et, à cette saison où l'eau est encore chaude de l'été, rien ne limite leur durée. J'explore la vie sous-marine le long des rochers ; elle, fidèle à son crawl, évolue plus au large. Faute de pouvoir se repérer à des bornes extérieures, elle se fixe d'elle-même la mesure de ses parcours, plusieurs allers et retours exemplaires de la précision métrique d'un nageur de piscine. Nous continuons de ne pas savoir (ni vouloir) nager ensemble et même, après le bain, lorsque nous nous disposons chacune à sécher au soleil, nous choisissons entre le hérissement rocheux du Cap des enclaves proches mais cachées l'une de l'autre. Elle m'offre en partage ses plages, ses trajets, me fait la confidente de ses aventures. Elle est toujours partante pour sortir, rompre l'enceinte perfide de la maison. Il y a un seul but de promenade auquel elle s'oppose : le cimetière du Vieux-Château. « Tu n'as rien de plus drôle à me proposer ? dit-elle. Allons plutôt prendre un verre place aux Herbes. » Des Italiens y chantent, leurs ritournelles s'amalgament au doux-amer du Cinzano Bianco, Jackie reprend à mi-voix. Entre ça et une visite au cimetière, elle a fait son choix. Je n'insiste pas.

Le cimetière du Vieux-Château, au-dessus de la ville médiévale, constitue une de mes promenades préférées. J'aime la montée à partir du port, les marches de galets, l'esplanade Saint-Michel, un rythme lent pour arriver au sommet. De là-haut, d'entre les cyprès, les lauriers roses et blancs, les rosiers, la vue sur Vintimille, l'ouverture sur la Méditerranée, est une splendeur. Elle donne à croire que la beauté du monde relève de l'évidence, qu'il suffit d'être là pour l'accueillir. Ma mère, me dis-je en parcourant les allées du cimetière, n'est pas seule à vouloir boire le filtre de l'oubli. Elle est mieux préparée que d'autres, mais c'est ce qui motive la plupart des déménagements sur la Côte d'Azur. Ne plus penser au passé, s'aveugler sur le futur, ou son absence. On s'installe sur un banc au soleil. On a chaud. On est bien. Tout se brouille gentiment dans la tête aux accents d'une barcarolle. Et moi aussi, déambulant sur cette colline, parmi les oliviers et les cyprès, les statues d'anges et les bustes où perchent des oiseaux, les photos couleur sépia, les chapelles somptueuses, les tombes aux dalles brisées, couvertes de feuilles mortes et d'aiguilles de pin, notant dans mon carnet inscriptions pieuses et ultimes adieux écrits en anglais, en allemand, en russe, dans la langue du jeune homme, de la jeune fille, de l'enfant disparu, je suis dans le même tranquille abandon à la beauté du monde. Je rends visite à John, eldest surviving son of John Sparks, England, à Félicie, au prince Grégoire Volkomsky, à Alexandrine, au Dr Carl Schuez, gestorben zu Mentone am 21 Marz 1862, à Susan Katharine, who fell asleep in Jesus, à Étienne K., musicien, à Marie Léonie, Mère Saint François d'Assise, à sœur Clémentine, à Stefania, à Archibald Mc Neil, died 31 March 1866, aged 25 years, à Mabel, for ever with the Lord, à Anna Macewicz née en Pologne le 18 avril 1842 décédée à Menton le 14 octobre 1864, à Alice Farquharson, who died March 12. 1861, aged 12 years, à Olga, elle est morte, elle a cessé de vivre, elle est morte et n'a point vécu, de ses mains est tombé le livre, dans lequel elle n'a rien lu... Je me promène, seule, doucement anesthésiée par la litanie des regrets éternels et les parfums de fleurs, et c'est alors que je me trouve devant la tombe de Wanda, née à Berlin le 10 août 1851, décédée à Menton le 15 janvier 1912, une tombe ombragée et sur laquelle, avant de reprendre le train pour l'Allemagne, la mère a déposé une coupe de citrons en céramique, qui brillent dans le soleil de leur jaune inaltéré, une tombe que je visite régulièrement, dans le recueillement, c'est exactement à cette minute que surviennent trois touristes, un homme et deux femmes. L'homme parle haut, plaisante. Une femme n'arrête pas de photographier. Ils passent sans ralentir devant la tombe de Wanda, n'ont pas un regard pour ses fruits chéris, les citrons qu'elle avait cueillis sur l'arbre et qui lui avaient donné si fort le désir de guérir, et j'entends, proféré par une des femmes, crié à la cantonade : « C'est comme à Arcachon, on venait pour guérir. » « Pour guérir ou pour mourir », ajoute l'homme avec un rire.

Les mots me blessent comme des balles. Je cours, saute les marches dans la descente, emprunte d'étroites venelles, des corridors d'ombre. Par la violence de ces voix, par l'irruption du nom d'Arcachon dans un lieu où, selon le diktat implicite de ma mère (à la mort des êtres, à la destruction des choses, elle voudrait pouvoir ajouter l'effacement des noms) je l'avais supprimé, ma bulle vole en éclats. Un diktat auquel je m'accorde sans difficulté, puisqu'il nous permet, tant il est vrai que les deuils ne se partagent pas, de poursuivre chacune notre chemin.

Dans les jours qui précèdent mon départ, nous n'arrêtons pas d'aller nager, de marcher, de traîner sur la place aux Herbes et de faire des excursions en Italie. Ma mère a des rendez-vous. Je la regarde évoluer dans un mélange de curiosité et d'affection. Je n'ai plus la crispation hostile de mes années d'adolescence. Je ne la fuis plus comme si elle allait m'infecter de ses idées noires, mais sa manière de vouloir être heureuse, avec un homme, par un homme, par les yeux de son amour, par le reflet qu'il doit sans cesse lui tendre pour la cajoler, la rassurer, la bercer de promesses indéfiniment répétées, me tient à distance. Elle me reste une étrangère, une étrangère très particulière, dont la présence est coextensive à la mienne, et dont les humeurs, bien que souvent incompréhensibles, ne me laissent jamais froide. Une étrangère très particulière qui m'est devenue une sorte d'amie. Le soir, j'ai plaisir à aller avec elle, promenade du Soleil, m'asseoir sur une balancelle, nos pieds touchant à peine le sol.

Le matin où je la quitte, elle est à mes côtés sur le quai de la gare. Elle a l'air perdu. Elle regarde autour d'elle et, dans un sanglot, constate : « À Menton, comme partout, c'est le désert. » J'essaie de la consoler. Je lui promets d'écrire davantage, de l'appeler.

Appels longue distance

Et je tiens ma promesse. Je ne me contente plus de cartes postales, j'écris sur le papier bleu des aérogrammes. Mais qu'il s'agisse de lettres ou de cartes, l'écriture n'est pas dans l'immédiateté, elle exclut les crises et les sautes d'humeur. Ce qui fait que, en plus développées, mes missives ne bougent pas de l'optimisme trépidant de mes premières cartes postales ; celles de ma mère non plus, d'autant qu'elle ne les nourrit pas de détails supplémentaires mais d'un redoublement de tendresse. L'écriture, comme la petite ville de Menton bien abritée des vents du nord, est une oasis de calme. Les conversations téléphoniques brisent ce calme. Elles sont rares, mais par elles je me sens à nouveau exposée au tempérament intempestif de ma mère, à ses brusques passages de la plainte au fou rire, une capacité désarmante de rupture de ton. Pourtant, de mois en mois, c'est la déception qui domine. Après l'excitation du début elle est confrontée à une impression d'échecs successifs et, plus largement, à la conscience de ne pas être unique dans son cas. À travers les récits de ses démarches et tentatives, ou du moins les fragments, drôles, tragi-comiques, ou franchement sinistres, qu'elle m'en fait, j'aperçois toute une population d'hommes et de femmes, surtout de femmes, comme elle en quête du Bonheur. Dans l'ensemble, ils ont cessé d'être jeunes et sont venus sur la Côte d'Azur dans l'espoir de recommencer, dans le désir d'une vie nouvelle, *vita nuova*, comme l'écrit le poète Dante, qu'ils n'ont pas lu et ne liront sans doute jamais parce que leur fantasme de renaissance ne comprend pas de programme de lectures. Ils sont nombreux, très nombreux. La compétition est dure. J'y songe en me dirigeant vers Washington Square juste après une conversation téléphonique ratée avec ma mère. J'avais appelé d'une cabine sur Lafayette Street, dans un vacarme de bus, camions, sirènes de voitures de police et d'ambulances. Dans cet assourdissement d'enfer, sa plainte se frayait quand même une frêle mais insistante issue. Énervée, j'avais menacé de raccrocher et, à l'instant, nous avions été coupées. Je compte sur les musiciens qui jouent toute la nuit ou sur quelque poète rebelle et clamant haut sa rébellion pour me remonter le moral. Il y a partout des cabines téléphoniques, mais je n'ai pas le cœur de la rappeler. Tandis que je m'assois sur le rebord de la fontaine en face de Marble Arch, je l'imagine, Jackie, perdue au milieu de cette peuplade vieillie. Elle bouge ses cheveux bouclés et agite son foulard de soie verte (le signe de reconnaissance qu'elle indique avant une rencontre). Elle sourit, et je la vois si seule, si menue, parmi tous ces candidats et candidates à renaître d'amour que, moi aussi, le découragement m'envahit.

Vie nouvelle

Un matin, je reçois dans mon courrier une photo d'elle avec un inconnu, grand, distingué, blond, ou anciennement blond. En costume de lin blanc. Avec chapeau. Il est nettement plus âgé qu'elle mais cela n'empêche pas l'impression d'accord qui se dégage de leurs deux images réunies. Il est riche, beau. Il a le sourire de quelqu'un qui, très tôt, s'est senti parmi les privilégiés de l'existence et qui, au lieu d'en éprouver de la morgue, a opté pour la bonté. Axel de S. a décidé un jour qu'il serait artiste et a quitté la Suède pour venir, après Matisse, Bonnard, Van Gogh, ou Picasso, nourrir son talent de la lumière du Sud. Il vit ainsi dans son mas au-dessus de Cannes entouré de ses œuvres et de sa compagne du moment. Mais celle-ci, ma mère, Jackie, qu'il a rebaptisée « Ella », s'impose à lui comme l'idéal depuis toujours recherché à travers une suite d'ébauches insatisfaisantes. Ella a de lisses cheveux châtain clair et s'habille d'amples vêtements de couleurs douces. Il la peint sous tous les angles. Elle, qui ne supportait pas d'être immobile et qui, au bout de cinq minutes, commençait de s'impatienter, peut rester des heures tranquille sous son regard. Ella est sa Muse, son Adorée. Dans son mas il fait des fêtes en son honneur. Il est fier de ce nouvel amour. Ella est sa jouvence, sa dernière aventure. Quand il n'est pas en sa compagnie, il peaufine la toile d'elle qu'il est en train de travailler. Il la caresse par touches légères. Dans la soirée, il boit un whisky, lui écrit un poème.

Ella les range dans une chemise ceinte d'un ruban de soie verte. À chaque mot, elle fond d'admiration. Elle ne le gronde que sur sa tendance à l'humour. « Ne faites pas passer l'humour avant l'amour », lui rappelle-t-elle. Elle n'est plus coquette ni distraite. Ni versatile. Encore moins colérique. Elle est radieuse, fixée en plein ravissement. Elle n'a plus jamais son visage de maison.

Il l'emmène danser à la Siesta, la boîte de nuit à la mode, à côté de Cannes. Et tous les deux, dans ce hors-temps de l'amour parfait, sont si insensibles à la fatigue que le lever du jour souvent les surprend. Alors ils traînent des fauteuils sur la plage et s'assoient face à la mer visages tournés vers le soleil. Ella se met à l'eau. Elle trace son sillage dans le miroir d'azur. Il la regarde qui s'amenuise à l'horizon. Sa présence n'est plus que deux fines gerbes d'écume produites par les mouvements de ses bras et de ses pieds.

Ma mère dans la tempête

J'habite Paris désormais et cela fait de nombreuses années que Jackie a quitté Menton pour Nice. Cette fois, elle n'a pas changé de côte. Elle est passée d'une petite ville à une plus grande, d'une petite rade à une plus grande : de la rade de Menton à la baie des Anges. Avec le temps, elle a oublié Ella, son calme, ses lents sourires et ses paroles mesurées, mais elle n'a pas oublié son bien-aimé, ni ses représentations d'elle en muse adorée. Dans son appartement, les murs sont couverts de tableaux d'Axel. Ce n'est pas une conduite de deuil cependant. Elle n'a pas remis en question sa façon d'abandonner les morts à leur cimetière, de ne plus prononcer leur nom, d'effacer de sa mémoire les lieux où elle a vécu avec eux. Elle veut toujours se projeter sans entraves dans ce que lui offre le monde. Et le monde s'est montré plutôt sympathique. Il lui a procuré d'autres rencontres, d'autres amours, et même si aucune n'a pu entrer en comparaison avec le Rêve suédois, chacune, durant le temps plus ou moins long de son existence, a eu son importance. *Sport, Vacances, Joie, Soleil* : elle n'a rien changé à la devise écrite par son père sur son album. Elle a seulement ajouté d'autres photos, beaucoup d'autres photos, où, en maillot de bain, ou vêtements légers, elle est en train de rire au soleil. Dans ses rencontres, Jackie privilégie les hommes mariés. Elle s'en plaint quelquefois pour la forme, mais elle est contente, au fond, de n'avoir pas à redouter la menace d'un remariage et celle, à peine moins étouffante, d'une cohabitation. « Comme ça, tu vois, je garde ma liberté. » Nous parlons souvent ensemble de la liberté. Sans trop nous expliquer, sans avoir envie de creuser la question. Car les choses n'ont pas vraiment évolué entre elle et moi. Les distances géographiques se sont écourtées, mes visites sont plus fréquentes, mais le registre de nos conversations au téléphone ou de vive voix reste aussi superficiel et discontinu que lorsque nous misions sur la nécessaire brièveté d'un message de carte postale pour éluder un affrontement, ou, ce qui était peut-être pire, la mise à nu d'une insurmontable incompatibilité d'humeur, la pénible exposition de notre mutuelle étrangeté – la trouée d'un cri définitivement inaudible.

Nous causons à bâtons rompus, selon l'expression : entre nous les changements de ton, de sujet sont si fréquents qu'il faudrait pour illustrer nos « causeries » casser les bâtons en tout petits morceaux, les réduire en brindilles, en miettes d'allumettes... Et à la moindre étincelle, le feu prend.

Je n'ai plus, comme de New York, à prévoir à l'avance mes voyages. Je fais des allers-retours à l'improviste. Ce peut être une overdose d'hiver, de trajets dans un métro qui jamais ne mène à l'Océan... Et c'est bien ce qui m'a décidée aujourd'hui, mais la météo n'a pas suivi mon désir. Je suis arrivée en pleine « turbulence », pour reprendre un mot propre au vocabulaire du trafic aérien. L'avion a eu du mal à atterrir sur cet aéroport de bord de mer, qui fait l'effet, lorsqu'on l'aperçoit du ciel, d'une mince pellicule solide face à l'immensité bleue, d'une petite plage spécialement aménagée pour les avions, pour qu'ils se posent et s'élèvent à la façon dont les mouettes vont et viennent sur le rivage. J'ai une passion pour les décollages (pour ce sûr effilochement des nuages vers un azur en progression et finalement triomphant – un triomphe aux accents d'une ouverture de Mozart). Les atterrissages aussi me fascinent. Surtout à partir du moment où, selon l'annonce du pilote, « l'avion a commencé sa descente », quand le paysage où je vais me poser surgit peu à peu dans son relief et ses détails. Mais j'ai connu des atterrissages plus aimables. Celui-ci ne promet rien de bon.

L'avion a traversé une interminable couche de nuages, pas de ces nuages aériens, blancs de nacre ou de neige, qui ravissent l'œil de leurs architectures mouvantes, des nuages sur lesquels on voudrait marcher, non, les nuages de cette arrivée d'hiver sont noirs, perversement teintés de vert, compacts, receleurs d'orages et de désastres. Et, sous eux, dans la baie dont ils éteignent toute luminosité, la mer couleur beige-marron roule des branches d'arbres, des morceaux de planches, de ferrailles, et aussi des vêtements, des chiffons, des godasses, dont je ne peux m'empêcher de me demander de quels corps de noyés ils se sont détachés. Je suis dans le bus qui, de l'aéroport, longe la promenade des Anglais avant d'entrer, au niveau du jardin Masséna, à l'intérieur de la ville. Il est quasi vide à l'exception de quelques touristes effarés de se trouver précipités dans une tourmente et angoissés à la pensée qu'elle absorbe dans son chaos leurs projets de vacances. Si les vacances doivent se réduire à plusieurs jours d'enfermement dans une chambre d'hôtel, l'avenir n'est pas rose... Comment ça, le beau temps n'était pas compris dans le forfait ?... Le vent agite les palmiers, renverse les chaises, la mer se fracasse en vagues furieuses. Elles viennent cogner si haut qu'elles explosent sur la Promenade et l'inondent. Je me rappelle une fois où, sur le promontoire de Rauba Capeu [qui vous vole le chapeau], par une tempête aussi mauvaise, un paquet d'eau avait giclé au-dessus d'une mère et de son petit-enfant et avait, d'un seul jet, fait du landeau une baignoire pour le bébé... Le bus continue d'avancer sous la pluie torrentielle. Inutile de préciser qu'il n'y a personne dehors. C'est ce que j'ai cru jusqu'à ce que m'apparaisse, venant en sens inverse, fragile, vacillante, mais habitée d'une volonté inflexible... ma mère. Je l'ai reconnue aussitôt. Courbée sous le vent, elle va en zigzag pour contourner les flaques les plus profondes. Ça ne lui donne pas l'air d'hésiter. On ne peut se dire en la regardant qu'elle songe à abandonner la partie. Elle fait plutôt penser à un guerrier résolu s'avançant sous la menace d'un ennemi infiniment plus fort que lui. Et, en effet, entre la tempête et la frêle vieille dame qu'est devenue ma mère la disproportion est flagrante. C'est miracle qu'elle n'ait pas glissé ou qu'une bourrasque ne l'ait pas renversée. « Elle est vraiment folle ! », me dis-je au moment où le bus la dépasse, dans l'instant précis où nous nous trouvons au même niveau, moi, du côté des touristes bien au sec, elle, livrée à tout vent, le visage ruisselant, foulard et cheveux complètement trempés (ses cheveux ne sont plus bruns, encore moins châtain suédois. Ils sont blancs, épais et raides, dessinés d'une coupe qui s'accorde à la netteté de ses traits, à leur beauté préservée, et m'évoque parfois certains portraits italiens de la Renaissance). Le bus passe très vite, mais cela me suffit pour lire la joie sur son visage, et cet étincellement particulier que produit l'approche du sublime. Égarée, certainement elle l'est, mais je comprends soudain, quand à ma demande : « Qu'est-ce que tu as fait aujourd'hui ? » (Une question qui dans son automatisme et son manque d'imagination reprend exactement celle que les parents nous posaient à nous, enfants, après une journée de jeux) elle répond « Rien, j'ai marché », combien ce *rien*, loin d'être dépréciatif, exprime une allégresse, une manière à elle de vivre la liberté d'aller comme une expérience extraordinaire. Se fixer un but, s'inventer une justification affadit et même annule la pure expérience du mouvement. Ma mère n'a jamais eu grand plaisir à aller faire des courses. À l'époque où c'était une de ses obligations l'idée la déprimait. En vivant seule, et donc en échappant à une répétition forcée, elle peut y trouver plaisir. Mais de toute façon, il est clair aux yeux de quiconque pourrait l'apercevoir bataillant dans la tempête qu'il ne s'agit pas d'une dame sur le chemin de faire ses courses. Je me représente la personne bien intentionnée voulant la secourir et l'exaspération de ma mère prise dans un vertige d'envol et ayant déjà formulé en son corps le *oui* fatal et délicieux qui scelle notre dispersion dans l'eau, le vent et toutes les folies de nos sens.

Je suis rentrée chez moi enthousiaste d'elle, comprenant à quel point la raison n'avait jamais été son ancrage et que moi-même, comme les autres autour d'elle durant tout le temps d'Arcachon, j'avais tenu à la confiner dans un rôle et l'avais détestée d'y réussir si mal. Cette vision d'elle, fugitive, me fit l'effet d'une conversion. Et, tandis que j'avais vécu pendant tant d'années en apparence proche de ma mère par une proximité physique et une familiarité intemporelle, mais en réalité séparée d'elle par un écran aussi transparent qu'infranchissable, en ce jour où justement elle m'était apparue de l'autre côté d'une vitre, j'avais été traversée par la force mystérieuse de l'amour. Nous ne faisions qu'une. Et qui d'elle ou de moi, dans le brouillage des tourbillons de pluie, était prête à se laisser emporter par la vague ne comptait pas.

Les virevoltants

Le lendemain, je sonne chez ma mère. Elle entrouvre la porte. Elle a sa mine la plus accueillante.

— Bonjour ! Tu vas bien ? Tu as pris des risques hier. Tu n'es pas folle de sortir sur la Promenade par une tempête pareille !

— Mais c'est toi la folle ! Qu'est-ce que tu racontes !

— La vérité. Je t'ai vue. J'étais dans le bus qui venait de l'aéroport.

— Hier… (répète-t-elle avec une infime nuance d'interrogation, puis, se reprenant aussitôt) hier, il faisait un temps à ne pas mettre un chien dehors. Je suis restée tranquille chez moi. J'ai cousu.

Cela me fait sourire qu'elle associe dans son mensonge *tranquillité* et *couture*. Les deux ne sont jamais allés de pair à la maison. À l'époque de mon arrière-grand-mère Zélie, les petites filles apprenaient très tôt à coudre : la perfection étant d'arriver à faire des points invisibles. Tout était là : coudre si bien, pendant des heures et des heures penchée sur son ouvrage, qu'au final il ne restait nulle trace du travail. Les ourlets, impeccables, tenaient comme par magie. Les plissés s'ordonnaient d'eux-mêmes. Les petites filles apprenaient à coudre et à broder. Zélie, paraît-il, était une excellente brodeuse. Elle n'avait transmis son talent à aucune de ses quatre filles : Hélène, Henriette, Eugénie et Marguerite. Par obéissance, toutes brodaient bien. Pas plus. Elles étaient capables de se constituer un trousseau honorable, si j'en juge d'après celui de ma grand-mère, où la part de la broderie se réduisait à E.F., ses initiales de soie blanche, et à un œillet rose fuchsia à l'origine, bien délavé depuis. « Un œillet de poète, disait Eugénie. Tu vois je pensais déjà à toi », ajoutait-elle doucement à l'adresse de Félix.

Jackie, petite, ne s'était pas appliquée cinq minutes sur un tambour à broder, mais elle avait appris à coudre. Pendant longtemps, elle avait voulu être la couturière de la maison. Pour elle et pour moi. Elle excluait les vêtements masculins, trop complexes. Les jupes, elle les confectionnait bien. Ça me plaisait qu'elle les fasse larges, très froncées, et que, lorsque je tournais sur moi-même, la jupe s'ouvre en rond. Les après-midi de couture – après-midi d'hiver ou de pluie, sinon quelle horreur ! c'était du temps volé au dehors et surtout à la nage –, la table de la salle à manger se recouvrait de tissus multicolores achetés au mètre et de coupons de formes et matériaux divers, ceux-ci destinés à une lubie. Autant je me réjouissais d'une nouvelle jupe, autant je redoutais une lubie… Jackie s'affairait, entre gaieté et tension. À la première contrariété (se piquer le doigt, couper trop petit, ou simplement la lenteur du travail) la gaieté se muait en irritation. La couture, comme la patience, avait vite fait de l'énerver. Je quittais la pièce avec discrétion, tandis que je l'entendais fulminer en jetant ciseaux, bobines, dés à coudre dans la boîte à ouvrage et en repliant de travers les tissus plus ou moins bâtis. J'étais déjà retirée dans mon domaine, un livre à la main, déjà en allée dans une histoire, embarquée dans ses péripéties. Je voguais sur un fleuve d'Afrique et je m'inquiétais de savoir si les chocs répétés contre le fond de la pirogue étaient de rocs, de racines ou de crocodiles. Jackie ouvrait la porte et m'avertissait : « Ne marche pas pieds nus dans la salle à manger, il peut traîner des épingles par terre ! »

Ma mère n'avait jamais complètement renoncé à la couture, mais elle s'était peu à peu détachée de toute notion utilitaire et même de toute notion définie. Faire un vêtement ne l'intéressait plus du tout. C'était trop long, trop difficile. En revanche, modifier un habit déjà existant lui était une occupation infiniment agréable.

Elle avait commencé tôt et par une sorte de sacrilège, puisque à peine quelques semaines après ma première communion elle s'était emparée de la longue aube en piqué blanc, avait décousu le haut et raccourci le bas à hauteur d'une jupette de tennis.

– Essaie-la. Je peux la faire plus courte si tu veux, je n'ai pas encore commencé l'ourlet.

En effet, je sentais, si je bougeais, le contact métallique des épingles contre mes cuisses.

La jupette m'allait à merveille et, dans l'ardeur dont j'étais possédée quand je courais et sautais pour rattraper une balle, il y avait peut-être quelque chose de l'élan mystique avec lequel j'avais gravi, le jour de ma communion solennelle, les marches de la basilique Notre-Dame. Le piqué blanc qui maintenant voletait sur le court de tennis des Abatilles était béni. L'aérer, m'en servir à une fin sportive, n'altérait pas sa vertu.

Et avec le reste que faire ? interrogeait ma mère, ses ciseaux à la main. Un jupon ? ça ne se porte plus. Des mouchoirs ? On ne se mouche pas dans sa robe de première communion ! Avec mon aube, elle était entravée par l'origine religieuse de l'habit. Mais, rapidement, elle s'est libérée de tout scrupule et, durant les années de son installation à Nice, elle se livre sans frein à son inspiration. Détruisant et construisant en même temps, elle n'hésite pas à défaire une manche pour ajouter des poches, à changer une cape de lainage en jupe d'hiver, une robe d'été en dessus de coussin, un foulard de soie en abat-jour, et les pantalons, tous les pantalons, aussi malins soient-ils pour tenter de se dérober à leur sort, finissent en short... Elle tient dans une chambrette, emplie presque jusqu'au plafond, des piles de vêtements, matière première de ses futures créations. Elle s'y occupe parfois le soir, tandis qu'elle écoute un disque de Barbara ou de Charles Aznavour. Elle chantonne en décousant de gros boutons dorés d'une veste. Ils iront rejoindre sa collection dans une grande boîte en métal. Elle les prend dans la main, les examine un à un, comme je faisais, petite, avec mes coquillages, et comme les enfants, à Nice, font avec les galets. Coudre ne l'énerve pas, puisqu'il ne s'agit plus d'une activité de femme au foyer, d'un devoir de ménagère. Et, selon l'équivalence qu'elle posait entre résignation et désespoir, les femmes les plus désespérées étant sans doute celles dont on disait qu'elles avaient tout pour être heureuses et qui, écrasées sous le poids de ce bonheur imaginaire, se forçaient à en avoir l'air.

Aujourd'hui, quand elle entreprend de faire un ourlet, elle donne l'impression de s'appliquer mais d'après des critères étrangers à l'horizon borné d'une modeste couseuse. Elle choisit son dé – elle en a plusieurs, dont les plus précieux, en argent, qui viennent de sa grand-mère Zélie (leur petitesse leur a épargné le débarras monstre du départ d'Arcachon) –, hésite entre différentes bobines. Elle se décide pour un vert, un rouge, un orange… pour une couleur *éclatante*, puis exécute à grands points, à *très grands* points, son ourlet. Elle fait ses points le plus visibles possible, en contradiction avec des siècles d'enseignement féminin – un enseignement religieux et ménager, délibérément conçu pour consolider l'asservissement des femmes, leur interdire de lever une seconde la tête de leur ouvrage, accédant ainsi par hasard et par mégarde aux chasses gardées masculines de l'Intelligence et de la Création. Elle sème de bleu vif, de violet, de rose ardent, robes et manteaux. Ses tracés de gaieté ont l'évidence de bâtis mais n'en ont pas le caractère provisoire. Elle montre le vêtement et me demande mon avis : C'est joli, non ?

Ma mère dans ses activités couturières ne se contente pas de découpages fantaisistes et de bâtis insolents. Elle chérit un autre type de réalisation qu'elle pratique dans un détachement affirmé de toute justification par l'utile : Elle assemble laines, lacets, cordons, rubans, liserés, fils de soie, étroites bandes de tissu, décorations d'arbre de Noël, galons, etc., en des sortes de pelotes, lesquelles grossissent au gré de ses trouvailles, et lorsque, telles des boules de neige, elles ont atteint le volume parfait, elle les range, multicolores et mouchetées de brillance, sur une étagère de la bibliothèque entre un bouquet de roses séchées et un gros cœur de velours rouge. Mais une boule de neige est compacte. Elle ne laisse pas passer l'air. Alors que les étranges pelotes confectionnées par ma mère sont aérées. Elles tiennent ensemble mais il y a du flottement dans les liens. Elles m'évoquent, en fait, plutôt que des boules modelées serrées et ramassées sur elles-mêmes, virtuels projectiles, ces assemblages de racines sèches, brindilles et poussières qui, sur les routes d'Arizona, poussées par le vent, forment comme des buissons volants aux allures spectrales, « *tumbleweeds* », des « virevoltants ». Ses pelotes bigarrées ont cette ouverture au hasard et, parce qu'elles touchent à un centre d'émotion brûlant, une dynamique circulaire – même si elles restent sagement immobiles là où leur créatrice les a posées.

En jetant à traits vifs ses couleurs de feu d'artifice, ma mère venge à son insu un immémorial apprentissage de l'effacement : Que la reprise soit si parfaite qu'elle soit impossible à déceler... Ce n'est pas un hasard, me dis-je, devant ses fantaisies de bâtis et ses découpages rebelles, si coudre, *bien coudre, coudre jusqu'à épuisement*, constitue dans les prisons pour femmes un des plus réguliers modes de travail imposé, de travail ou de torture. Je pense à ces femmes condamnées jour après jour, de seize à dix-sept heures d'affilée à coudre des uniformes militaires, les coudre et les réparer. Je vois leur nuque bloquée, leur dos de douleur, leurs doigts en sang. Tout leur corps harassé, brisé. Et il me revient ce fait rapporté par une prisonnière russe : Dans l'atelier de couture une femme, au bord de l'évanouissement, s'était arrêtée de coudre. La surveillante l'avait frappée et forcée à se déshabiller. La détenue avait dû reprendre, nue, l'ouvrage interrompu.

Je raconte l'épisode à ma mère. « Quelle horreur, dit-elle. Mon Dieu quelle cruauté ! Pourquoi l'humanité est-elle si acharnée à se faire mal ? » Mais que coudre, activité essentiellement féminine et ménagère, soit aussi un châtiment de prisonnière lui paraît logique, puisque pour elle la maison n'est jamais qu'une sorte de prison.

Quand je la quitte, à l'instant où je lui dis au revoir, ou même alors que je suis déjà en train de descendre l'escalier, elle me rappelle : « Surtout n'oublie pas de m'apporter un vêtement si tu as besoin que j'y fasse un petit point. »

La proposition du « petit point » me charme, c'est comme d'entendre quelqu'un qui ne se déplace que par sauts et gambades vous proposer de l'accompagner dans une procession à pas de fourmi. Et quelles que soient les atteintes de la vieillesse, elle est du côté de ceux qui ne se déplacent que par sauts et gambades – du côté des virevoltants. Si elle coupe tout de plus en plus court, elle-même s'habille très court, avec une préférence pour les jupes qui n'entravent pas ses mouvements. Jamais de jupes serrées, ni de tailleurs. Des espadrilles ou des ballerines. Avec ses mèches légères, ses jupes courtes, ses T-shirts de jeune garçon, elle n'a rien d'une dame. Alors que les gens de son âge se regroupent, sont de plus en plus dans la peur, elle accueille les rencontres fortuites. Elle s'intéresse à la philosophie des clochards, aime rester, après dîner, sous les portiques blancs de la promenade des Anglais et converser dans la nuit avec des inconnus. C'est ce qu'elle préfère à tout.

Les gestes pour nager

Elle a des journées vides mais curieusement, et de plus en plus, aller nager pour elle rencontre des obstacles. Il y a d'abord l'obstacle de toujours, son vieil ennemi, le vent. Les jours de vent, en particulier de mistral – assez rare dans la baie des Anges, cette anse de Douceur –, elle exclut toute possibilité. Elle va quand même voir l'eau, ses affaires de bain dans son sac, et reste debout à contempler la surface d'un bleu extrême, presque violet. Mais extrême aussi est son envie de nager, alors elle a l'idée de tenter une baie plus intime, mieux protégée et aux plages de sable : la baie de Villefranche-sur-Mer. Elle s'entiche de l'endroit et, même quand il n'y a ni vent ni vagues, prend le train pour Villefranche. Ses « voyages », elle me les raconte comme des aventures et, en effet, ce n'est pas rien pour elle, à plus de quatre-vingts ans, d'aller à pied à la gare, de monter dans le train, d'affronter la foule et puis, sur place, de parcourir un long trajet afin d'atteindre la dernière plage, la moins fréquentée, sa préférée. La baie de Villefranche abrite souvent des voiliers aux mâts immenses et il arrive que les voiles soient hissées juste lorsqu'elle est en train de nager. Elle adore cette coïncidence, comme si elle faisait un peu partie du voyage et levait les voiles avec l'équipage. Au retour de ces expéditions, elle jubile. La fatigue, elle s'en moque. Nager est la récompense suprême.

Dans ses appels téléphoniques alternent deux voix : celle, juvénile, chantante, des jours où elle a nagé ; celle, contrariée, rageuse, des jours où elle n'a pas pu – des jours décrétés comme nuls. Des jours non vécus (et à chacune de ces voix si différentes, je sais par cœur lequel de ses deux visages correspond). J'essaie, afin de la consoler, de relativiser la chose. Je n'y crois pas une seconde, elle le sent. Le mal est absolu. Et hélas de plus en plus fréquent. Les motifs évoqués finissent par éveiller mes soupçons. Elle n'est pas allée nager, me dit-elle, parce qu'il faisait mauvais, parce qu'à la longue, particulièrement en plein été, le déplacement à Villefranche lui coûte tellement d'efforts que le bénéfice de la nage, aussi immense soit-il, s'en trouve très amoindri. Sans aller si loin, la plage Neptune, à dix minutes de chez elle, lui tend les bras. Elle dit qu'elle n'a pas le temps d'y aller, qu'elle est trop occupée, ou bien qu'elle ne l'aime pas. Je suggère la plage voisine, au pied de l'hôtel Negresco, et lui propose de l'accompagner. Elle a l'air soulagé et, à mon bras, s'avance sur la plage avec optimisme. Nous nous mettons en maillot de bain et je l'attends pour l'aider à atteindre l'eau, car abrupte est la déclivité qui nous en sépare. Mais elle ne bouge pas. Elle détourne son regard des quelques nageurs du soir, chacun absorbé à savourer ce supplément de bonheur avant la nuit. Elle fixe la ligne parfaite de l'horizon. Sa tristesse me pénètre. Elle dit : « Si ça ne t'ennuie pas, revenons demain, c'est trop en pente ici. Je vais me faire mal. » Je proteste que je suis là pour l'aider, qu'il fait encore bon, que septembre est un mois merveilleux. Elle se ferme sur son désarroi, elle se tait sur le doute qui l'obsède : Et si j'avais oublié les gestes pour nager ?

Se sauver

Il arrive à ma mère de sortir pour aller acheter quelque chose et, dans le magasin, de ne plus savoir ce qu'elle est venue chercher, ou bien, au milieu d'une conversation, tandis que l'on est en train de répondre à sa question, elle interrompt et répète sa question. Je lui parle et j'ai l'impression que mes mots glissent sur elle. Et, parfois, au lieu de la vivacité habituelle de ses yeux brun-vert, j'entrevois une ombre, un effroi rapide. Rien de plus. Ma mère a tellement travaillé dans le sens de l'oubli, tellement *voulu* oublier, que maintenant que l'oubli lui arrive de l'extérieur, en forme de pathologie, elle a une supériorité sur ceux qui ne s'y étaient pas entraînés, ceux que l'oubli frappe de plein fouet. Elle est étrangement à l'aise avec le processus mystérieux et actif en train d'effacer certaines de ses données existentielles. Elle est à l'aise ; elle n'est pas complice. Elle sent que quelque chose la dépasse, qu'il ne s'agit plus d'une amnésie sous contrôle des noms de personnes et de lieux rayés de son monde comme porteurs de mauvaises ondes, d'images désagréables ou douloureuses. Un enfouissement réussi. Chez elle, les gens, les lieux, les noms, bétonnés sous une couche de silence, n'émergent plus jamais dans un espace vivant de conversations, de rires, de larmes, ni même par une allusion, une soudaine tristesse où se fige l'expression. Le nom de mon père n'a aucune chance de franchir la barrière de ses lèvres, pas plus que celui d'Arcachon.

Dans cette volonté d'oublier, les interventions de ses proches sont malvenues. Moins ils abordent les sujets tabous, mieux c'est. Mais quand un mécanisme d'oubli extérieur à sa volonté a commencé de s'enclencher alors, au contraire, elle appelle au secours et même beaucoup (je rentre chez moi et je trouve sur mon répondeur une dizaine d'appels de sa part, pas selon une angoisse montante d'ailleurs puisqu'ils se succèdent chacun dans un effacement du précédent). Cependant, à la moindre réponse attentive, dès qu'elle perçoit un effort sérieux pour cerner son mal, elle brouille les pistes, elle protège à toutes forces sa solitude : elle se bat pour sauvegarder son indépendance, pour se sauver *en entier*, elle – avec ses blancs de mémoire anciens, délibérés, soigneusement circonscrits, et le reste qui part en lambeaux.

À moi qui lui rappelle quelque chose qu'elle a dit et qu'elle nie parce qu'elle l'a oublié, elle me rétorque : « C'est horrible de tout enregistrer comme ça. »

Plus ses parcours sont improbables et les rues familières susceptibles de lui devenir sans repères, plus elle abonde en projets de voyages, et enrichit ses séjours réguliers en villes de cure de destinations nouvelles, brillantes d'exotisme. Elles vont bien avec son goût pour les bijoux fantaisie, collier de corail, ceinture dorée, bague en forme de fleur… Elle feuillette sans fin des revues de tourisme, marque d'une croix, encadre les noms et photographies d'hôtels prestigieux, qu'ils se trouvent dans une réserve de chasse du Ghana ou dans les neiges de Sapporo. Ces vignettes extraites d'un album du Paradis la ravissent. Elle a une prédilection pour *Air France Magazine* dont le bilinguisme lui permet, dit-elle, de réviser son anglais et lui offre ainsi la possibilité littérale de franchir une frontière. Elle réfléchit sur les vêtements à emporter, remanie le contenu d'une valise, rangée au pied de son lit, et toujours prête, même si elle se décidait en pleine nuit à partir.

Un jour, alors que nous allons en plein imaginaire nomade et que nous mêlons, sans souci de vraisemblance géographique, mes images de pays visités et les siennes issues de la presse ou de la télévision, elle me tend une feuille de papier pliée en quatre. Je lis, écrit d'un épais feutre noir : « Mes absences ». J'ai un coup au cœur. Je fixe, interdite, les mots ténébreux. Mais elle, souriante : « Lis, c'est la liste de mes prochaines absences de Nice, avec leurs dates exactes pour que tu ne te perdes pas dans tous mes projets. »

Retour

C'est le mois de mai. Dans les petites gares, entre Bordeaux et Arcachon, tout au long de ce paysage à l'horizontale qui se redéveloppe sous mes yeux, des coquelicots, des marguerites, des aubépines me font des signes de printemps. Il me semble ne l'avoir pas depuis longtemps perçu avec un tel éclat. Un éclat et une justesse. Comme si je touchais à l'essence même du renouveau. Comme si je pénétrais dans un lieu d'équilibre préservé, une nature qui serait restée libre tout en ayant perdu ses aspects menaçants. Les gens, les maisons, les potagers, les champs de maïs à l'orée de la forêt, tout me semble reposer dans un entrelacement léger entre le dehors – cela qui vous dépasse et avec lequel il faut s'acclimater – et les gestes familiers pour entretenir et faire éclore son jardin. Je reviens dans un pays habité certes, mais avec discrétion. Les demeures, modestes, basses, ne pèsent pas. N'encombrent pas la vision. Elles proposent, en passant, de simples esquisses de bonheur. J'ai envie de descendre, cueillir un bouquet et aller me reposer sous l'auvent aux fines colonnes d'une de ces maisons construites selon une mesure humaine, laquelle, me dis-je, le nez collé à la vitre de la fenêtre, comprend dans une même attention la taille des grandes personnes, qu'elles soient dans la force de l'âge ou qu'elles aient commencé à se voûter, celle des petits, des tout-petits, et la communauté diverse de leurs animaux favoris, chiens et chats, ânes, chevrettes, tourterelles... Parfois, j'aperçois à l'ombre d'un chêne une table, des fauteuils en osier, et sur le fauteuil un châle, un journal oublié, ou bien, à demi caché par une véranda, un bout de potager, ses rangées de salades, ses fraisiers, et je crois distinguer les sillons sableux sur lesquels se détachent les minuscules fleurs blanches et aussi, dans leurs parages, les grottes et excavations inlassablement creusées et travaillées par des cohortes de fourmis. Je me penche sur elles en imagination tandis que le train poursuit. Facture-Biganos, Le Teich, Gujan-Mestras... Ce paysage si plat, ce trajet que j'ai fait tant de fois, ces noms si souvent entendus, me soulèvent d'émotion. Je me demande pourquoi des images banales, d'humbles aperçus d'un quotidien qui n'a rien d'extraordinaire, me fascinent à ce point. Est-ce parce qu'elles surgissent sans avoir été précédées par des rêveries, sans avoir suscité le moindre point de nostalgie ? Sans doute. De ne les avoir jamais évoquées une seconde durant toutes ces années au loin leur confère le relief de l'imprévu. Mais, comme le train a quitté les villages, qu'il longe une zone de forêt et que je me retrouve confrontée à la monotonie des rangées de pins (et à la sourde angoisse qu'ils m'ont toujours causée), mon excitation tombe : le côté champêtre et terrien de la région a pu me séduire par surprise, en réalité je n'aime d'amour que le côté marin. D'ailleurs, je ne pense pas en termes de *région*, mais de *rivage* – sable, mer et ciel dans une interaction perpétuelle, une interpénétration infinie. C'est cette fluidité qui est de ma part objet d'amour. À dire vrai, j'en fais moi-même partie.

La Hume, La Teste... Le train arrive à destination : Arcachon. On ne va pas plus loin. Je roule ma valise en direction de mon hôtel, le Grand Hôtel Richelieu, à côté du kiosque à musique, sur la place qui conduit à la jetée. Le même hôtel dont j'étais convaincue jusque récemment que son nom se référait au cardinal Richelieu, alors qu'il fait référence à son petit-neveu, le maréchal de Richelieu, un grand seigneur du XVIIIe siècle célèbre à Versailles comme à Vienne pour ses frasques, ses dépenses folles, ses bons mots, et connu ici, dans le Sud-Ouest, en tant que gouverneur de Guyenne. Et il est bien qu'un hôtel soit nommé d'après un libertin... Avant de poser mon bagage, je fais une pause pour me désaltérer au café Repetto, déjà l'un des cafés préférés de mon grand-père. Je suis ravie qu'il existe toujours et fais attention à choisir une place qui me permette de voir un morceau du bleu de la mer. J'ai ce réflexe partout de préférer la vue sur l'eau (dans la continuité de la manie que j'avais, enfant, dans les pièces où j'entrais, de chercher des yeux fenêtre, lucarne, ou jour de souffrance, par où il me serait éventuellement possible de m'évader). Ça me paraît d'une telle évidence que j'ai du mal à croire que l'on puisse choisir la vue sur la terre. Et pourtant, me dis-je songeant à François Mauriac, les deux côtés ont leurs adeptes aussi ardents les uns que les autres. Ils appartiennent à des univers profondément différents, réciproquement aveugles à leurs charmes respectifs. Deux peuples : les paysans et les résiniers, les marins et les pêcheurs, ceux qui vont sur la terre et ceux qui vont sur la mer. Je repense à des impressions de Mauriac dans son journal lors de son retour en France au printemps 1917. Jugé trop faible de constitution pour aller se battre (être réformé l'emplit de honte et d'un sentiment d'indignité), il réussit, après un an au front comme aide-soignant, à se faire envoyer en Grèce, à Salonique, en tant qu'ambulancier. Mais il y tombe malade du paludisme et est rapatrié, épuisé, exsangue. Il rejoint aussitôt son Sud-Ouest natal. Il va d'abord se reposer à Arcachon – avec sa femme et sa mère –, d'où il écrit : « Quinze jours de régime dans une maison de famille avec Le Grix et sa mère comme si c'étaient des vacances. Orages, pluies tièdes sur la forêt pleine de genêts, de rossignols et de fleurs d'acacia. » La paix d'un réconfort lui vient de la forêt, non de la mer. Ce qu'il exprime, brûlant d'enthousiasme (et toujours de la fièvre du paludisme), lorsque, à la fin du mois de mai, après le séjour à Arcachon, il continue sa convalescence dans le domaine familial de Malagar, l'unique havre qui mérite ce nom : « Seul ici avec maman. Les œillets blancs et les seringas confondent leurs odeurs de vanille et d'orange. Les hannetons tombent lourdement de l'envers des feuilles. Tremblement blanc des papillons sur l'herbe fauchée [...]. La brume du couchant ensevelit la plaine, mer figée que je préfère à la mer. Vagues de coteaux que je préfère aux vagues. Jamais je n'ai vécu heureux au bord de la mer, abîme de confusion et de bruit, immensité informe, agitée et pourtant morte. Ô vagues immobiles des coteaux qui retenez en silence contre votre cœur toute la joie et toute la souffrance des hommes que vous nourrissez !... »

Terre aussi fixe, nourricière et rassurante que la présence de sa mère... À la veille de la rentrée des classes, au moment de quitter la propriété familiale des Landes, le jeune garçon, avait ce rite de déposer un baiser sur l'écorce d'un de ses arbres bien-aimés. Un geste qui me rappelle la ferveur que je mettais dans mon dernier bain, celui après lequel il allait me falloir attendre plusieurs mois pour goûter à nouveau le bonheur de l'eau. Un dernier bain en guise de dernier baiser.

Au soir, avant de rentrer à l'hôtel, d'où je continuerai de contempler la mer, je vais me promener sur la jetée. J'écoute le bruit de l'eau contre les piliers. Je me penche sur la moire mouvante des vagues. Non, elles ne retiennent ni la joie ni la souffrance des hommes et c'est bien cela, cette mémoire qui n'en est pas une, cette légèreté d'une dépossession, cette grâce de l'instant, que j'ai souhaité partout garder avec moi.

Je vais et viens dans la ville. Je prends des taxis, des autobus, des bicyclettes, pour aller aux Abatilles, au Pilat. Je regarde ce qui a changé, ce qui est resté identique. Je compare. L'autre côté du Bassin, plus construit et donc plus éclairé, semble plus proche, la villa Pereire a été détruite, le Casino mauresque a brûlé, le marché a été refait, des chemins anciennement de sable ont été goudronnés, et lorsque je vais à la recherche de la jetée rouillée, je n'en trouve même plus l'ombre… Le message qu'elle tenait tant à nous adresser, à Lucile et à moi, à savoir qu'il existait une troisième dimension : le Temps (sa rouille en était la preuve), et que nous étions bien étourdies, bien enfants, de prétendre l'ignorer, ce message, je l'entends parfaitement aujourd'hui, mais je lui répondrais, si elle était toujours debout, que certes je crois au Temps, et même il me passionne, mais il ne me touche, ainsi que son principal acolyte, le Passé, que s'ils m'offrent une possibilité plus vaste, plus profonde, émouvante et vibrante, de vivre le Présent, s'ils font mieux scintiller la richesse du « tout de suite », la seule.

Je refais le chemin de la ville d'Été à la ville d'Automne, je parcours à nouveau la ville d'Hiver. Je traverse des frontières invisibles et mêle mes saisons. Je vais saluer les différentes maisons où j'ai habité. Elles sont intactes, à peine modifiées par leurs actuels occupants et par les feuillages, dans les jardins, qui ont pris de l'ampleur. Le Temps profite aux frondaisons. La maison de l'avenue Régnault, la maison de Félix et Eugénie, se loue en location saisonnière. Je note le numéro de téléphone.

La plage aux enfants

Au lendemain d'un festival littéraire pour lequel je suis revenue à Arcachon, j'ai fait, le matin, un tour devant la plage où nous étions tous réunis, les participants à l'événement. Il ne reste qu'une tente, blanche, qui va bientôt être enlevée. C'est, par coïncidence, la même plage où se trouvait, en mon enfance, le domaine de Trimalco, mon club de natation. Un couple âgé passe à côté de moi, la dame commente à l'adresse de son époux :

— Ils étaient là, hier, les écrivains. Assis avec leur pile de livres, à une petite table.

— Chacun avait sa table ?

— Mais oui. Chacun avait sa table. Des tables individuelles. Des tables de café, on pourrait dire. Ils étaient là, en rang d'oignons. Ils tournaient le dos à la mer.

Le monsieur grogne (c'est sans doute sa façon d'entretenir le dialogue avec son épouse).

Je nous revois, perchés sur un haut tabouret, tournant, en effet, le dos à la mer, mais faisant face à d'éventuels lecteurs, lesquels ont souvent plus de chances d'arriver par terre que par mer.

Un plancher avait été installé afin que nos pieds, chaussés de leurs chaussures de train, ne s'enfoncent pas dans le sable. J'apercevais ainsi entre les lattes une catégorie encore non répertoriée : le sable proche mais séparé, le sable momentanément masqué, comme le furent à mes yeux certains visages de mes camarades d'école, au moins en un premier temps, dans le vacillement de la surprise. Le sable est découvert à nouveau. Je descends sur la plage pour le toucher, le prendre entre les doigts, le sentir m'échapper, éprouver son frôlement.

C'est le sable de printemps, frais, un peu humide. La marée est basse. J'enlève mes chaussures et je m'en vais, au loin, tâter l'eau. Le froid me grignote les chevilles. Je laisse mes pieds se réhabituer au sol incertain, à l'eau mouvante sous la pression du courant, au mystère d'une unique respiration animant l'eau et le sable et traversant mon corps. J'ai retroussé mon pantalon. J'ai envie de m'avancer plus profond. Par le jeu de la marée montante, c'est la mer aussi qui vient à ma rencontre. Sur la même plage, j'avais fait le poirier, la roue, le grand écart, grimpé à la corde, je m'étais balancée, donnant de tout mon corps la poussée la plus forte possible, de sorte que j'avais l'impression que la balançoire à la fois me propulsait dans le ciel et me retenait au portique. J'abandonnais la balançoire, je revenais aux jeux du ras de sol : je sculptais en sable des poupées aux cheveux de varech, aux yeux de coquillages. Le travail était long et minutieux. Le soir, avant de les quitter je leur rosissais les joues d'une poudre achetée exprès et leur colorais la bouche de rouge pourpre. C'était ma manière de leur dire *à demain*. Au matin, à l'heure du cours de gymnastique, face à la mer (c'est le professeur qui lui tourne le dos), j'avais parfois le bonheur de les retrouver intactes, mais c'était rare. Le plus souvent, elles étaient abîmées ou complètement piétinées, démolies. Ça me faisait de la peine, mais cette peine je l'annulais presque aussitôt, sachant qu'un peu plus tard, dans l'après-midi, je les recommencerais… Chacune, avant que je la quitte, avait reçu un nom, avait été baptisée, sur le mode furtif, mais définitif, dont on raconte que certains disciples de Jésus, sur la supplication de mères éplorées, traçaient sur le sable le nom de leur enfant mort, l'aspergeaient de quelques gouttes d'eau, puis l'effaçaient.

Consciencieusement indifférente au « sable proche mais séparé », je n'avais pas vu que la plage aux enfants et la plage aux écrivains ne faisaient qu'une et qu'aussitôt celle-ci démontée la première reprendrait tout le terrain.

Je vais m'asseoir de l'autre côté de la rue, à la terrasse du café de la Plage. J'attends le plateau de fruits de mer juste commandé. C'est alors que passe une petite dame, enchiffonnée dans une drôle de robe en dentelle, l'air aussi agité et tempétueux que la veille, quand elle m'avait abordée par ces mots : « Ce n'est pas parce que je suis petite et moche que je vais me laisser avoir. » Elle était entrée dans une histoire de persécution par un énorme voisin, un type mal embouché, grossier. Il lui volait les robes qu'elle mettait à sécher dans son jardin et ensuite, par dérision, s'en affublait. Et il osait la narguer, avec sur le corps ses propres robes, décousues, déchirées. Une folle, m'étais-je dit en lui demandant à quel nom je devais dédicacer le livre. En réponse, et à une vitesse diabolique, elle me l'avait pris des mains en éclatant de rire et s'était enfuie de toute la vélocité de ses courtes jambes. Je pense qu'elle va m'ignorer ; mais non, elle m'adresse un large sourire et s'approche. Je lui propose de partager mon repas, elle me remercie avec aisance. Elle est bien la même femme, mais claire, apaisée, amicale. Je me sens extraordinairement soulagée, et même emplie de joie par la chance de cette seconde rencontre, par la possibilité d'avoir eu un geste vers l'Inconnue. Et, me dis-je, s'il était vrai que les égarés comme les mendiants ne croisent notre chemin que pour mettre à l'épreuve notre sagacité à deviner en eux, méconnaissable sous leur misère apparente, le secret d'une divinité. Et si c'était Elle, la princesse du Palais des Mers, souffrante et malmenée, haute et souveraine, enchaînée et déliée, étrangement versatile, insaisissable… Je rêve à ses métamorphoses, tandis que je bois un verre de vin blanc et entame le plateau de fruits de mer. Je la cherche des yeux, ne la vois nulle part : elle a disparu. Je frémis, dans l'émoi d'une huître voluptueusement gobée, dans le saisissement de son sel, de sa fraîcheur.

La maison au pied de la dune

Jackie prend le soleil sur son balcon. Sa jupe retroussée à mi-cuisses, les pieds nus à plat sur ses espadrilles. Un large chapeau de paille. Comme souvent lorsque j'arrive, elle me dit :

— J'ai besoin d'une carte pour me représenter le monde. C'est compliqué sans carte de préparer un voyage.

— Tu en as déjà une. La prochaine fois, je t'apporterai une mappemonde.

— Voilà ce qu'il me faut, une mappemonde !

Je vois qu'elle a bien reçu ma carte d'Arcachon, une vue d'avion du banc d'Arguin, déjà épinglée au-dessus de la table au téléphone à côté de multiples vues de New York, et aussi de Djerba, des Pyrénées, du Pérou, de Katmandou, d'Amsterdam, de Venise...

— Et où étais-tu ?

— À Arcachon. Je te l'avais dit, et je t'ai écrit (je lui désigne la carte postale).

Le nom ne lui évoque rien. S'il y a des degrés dans l'oubli, des zones d'enfouissement plus ou moins pro-fondes, alors Arcachon, le soleil promis d'une station balnéaire peu à peu obscurci par les fantômes de la ville d'Hiver, est relégué bien au fond. Le rayant de sa mémoire, elle l'a rayé de la surface de la terre et aucune mappemonde, me dis-je, ne le lui rendra.

J'ai un cadeau pour elle. Un collier de jade, du vert qu'elle aime. La pochette rose pâle avec un nœud vert lui semble le cadeau. Je l'ouvre à sa place et lui tends un miroir, elle est ravie du collier. Elle se lève pour aller chercher des verres à apéritif et fait au passage une petite caresse à sa glycine.

Nous regardons ensemble une carte. Je pointe du doigt, insistante, Bordeaux, et juste au-dessous, la minuscule échancrure du Bassin. Je lui raconte des choses de cette vie et de cette ville sous le signe des saisons. Je lui décris les maisons successives et c'est précisément celle dont je ne lui parle pas, celle inexistante à mes yeux, la maison du premier été, qui lui revient à l'esprit. Après un silence, elle me dit :

— Tu as pensé, j'espère, à aller voir la maison au pied de la dune ?

— C'est ce que j'ai fait en premier. J'ai arrosé le jardin, aéré la maison.

— Et tu as balayé le sable ? Tu te souviens comme il s'infiltre sous la porte, se dépose sur les meubles, entre les rainures du plancher, partout…

— Mais oui, j'ai repoussé le sable avec le balai que tu avais laissé dans l'entrée.

Elle me sourit et, de sa main, avec ce léger mouvement torsadé du poignet qu'elle avait quand elle nageait le crawl, relève le bord de son chapeau de paille.

Table

II. D'autres rivages

Du même auteur

Chantal Thomas a reçu en 2014 le Grand Prix
de la Société des gens de lettres pour l'ensemble
de son œuvre et le prix Roger-Caillois
de littérature française. Et, en 2015
le prix littéraire Prince Pierre de Monaco

Sade, l'œil de la lettre
essai
Payot, 1978, rééd. sous le titre :
Sade, la dissertation et l'orgie
« Rivages Poche », n° 384, 2002

Casanova. Un voyage libertin
essai
Denoël, « L'Infini », 1985
et « Folio », n° 3125

Don Juan ou Pavlov
Essai sur la communication publicitaire
en collaboration avec Claude Bonnange
essai
Seuil, « La Couleur des idées », 1987
et « Points Essais », n° 218

La Reine scélérate.
Marie-Antoinette dans les pamphlets
essai
Seuil, 1989
et « Points Histoire », n° 395

Thomas Bernhard
essai
Seuil, « Les Contemporains », 1990,
rééd. sous le titre :
Thomas Bernhard, le briseur de silence
Seuil, « Fiction & Cie », 2007

Sade
essai
Seuil, « Écrivains de toujours », 1994

La Vie réelle des petites filles
nouvelles
Gallimard, « Haute Enfance », 1995
et « Folio », n° 5119

Comment supporter sa liberté
essai
Payot, 1998
et « Rivages Poche », n° 297, 2000

La Suite à l'ordinaire prochain
La représentation du monde dans les gazettes
Livre collectif codirigé avec Denis Reynaud
Presses universitaires de Lyon, 1999

Les Adieux à la Reine
roman
Seuil, « Fiction & Cie », 2002
et « Points », n° P1128
Prix Femina 2002
Prix de l'Académie de Versailles 2002

Le Régent, entre fable et histoire
Livre collectif codirigé avec Denis Reynaud
CNRS Éditions, 2003

La Lectrice-Adjointe
suivi de Marie-Antoinette et le théâtre
théâtre
Mercure de France, 2003

Souffrir
essai
Payot, 2003
et « Rivages Poche », n° 522, 2004

L'Île flottante
nouvelle
Mercure de France, 2004

« Où sont les poupées ? », *in* Poupées
sous la direction d'Allen S. Weiss
Gallimard, 2004

Le Palais de la reine
théâtre
Actes Sud-Papiers, 2005

Jardinière Arlequin
Conversation avec Alain Passard
Mercure de France, 2006

Chemins de sable
Conversation avec Claude Plettner
Bayard, 2006
et « Points Essais », n° 596, 2008

L'Invention de la catastrophe au XVIIIe siècle
Du châtiment divin au désastre naturel
Livre collectif codirigé
avec Anne-Marie Mercier-Faivre
Droz, 2008

Cafés de la mémoire
récit
Seuil, « Réflexion », 2008
Prix littéraire de la Ville d'Arcachon, 2008

Le Testament d'Olympe
roman
Seuil, « Fiction & Cie », 2010
et « Points », n° P2674

Dictionnaire des Vies privées (1722-1842)
Codirigé avec Olivier Ferret
et Anne-Marie Mercier-Faivre
Préface de Robert Darnton
Oxford, Voltaire Foundation, 2011

L'Esprit de conversation
Trois salons
essai
Payot, « Rivages Poche », n° 706, 2011

RÉALISATION : NORD COMPO À VILLENEUVE-D'ASCQ
IMPRESSION : CPI FRANCE
DÉPÔT LÉGAL : AOÛT 2017. N° 134315 (141558)
Imprimé en France